Walter Flex
Wallensteins Antlitz

SEVERUS Verlag

ISBN: 978-3-95801-731-3
Druck: SEVERUS Verlag, 2017
Coverbild: www.pixabay.com
Nachdruck der Originalausgabe von 1918

Satz und Lektorat: Lektorat Marie Huppert

Der SEVERUS Verlag ist ein Imprint der Diplomica Verlag GmbH.
Bibliografische Information der Deutschen Nationalbibliothek:
Die Deutsche Nationalbibliothek verzeichnet diese Publikation in der
Deutschen Nationalbibliografie; detaillierte bibliografische Daten
sind im Internet über http://dnb.d-nb.de abrufbar.

© SEVERUS Verlag, 2017
http://www.severus-verlag.de
Printed in Germany
Alle Rechte vorbehalten.
Der SEVERUS Verlag übernimmt keine juristische Verantwortung
oder irgendeine Haftung für evtl. fehlerhafte Angaben und deren
Folgen.

Walter Flex

# Wallensteins Antlitz
## Gedichte und Geschichten vom Dreißigjährigen Kriege

MIX
Papier aus verantwortungsvollen Quellen
Paper from responsible sources
FSC® C105338

## Inhaltsverzeichnis

Zum Geleite .................................................................. 3

Das Blut der Almuth Petrus ......................................... 7

Wallensteins Antlitz .................................................... 25

Letzte Wacht ................................................................ 33

Das Gewitter ................................................................ 37

Der Trommelbube des Todes ..................................... 45

Der Kreis ...................................................................... 57

Der Ring mit den blauen Steinen ............................... 61

Das Armesünderwürfeln ............................................. 69

## Zum Geleite

Zuletzt war Walter Flex von der Geschichte eines Kriegsfreiwilligen erfüllt, in der er – das waren seine Worte – seine Gedanken über Gotteskindschaft und Menschenbruderschaft ausspinnen wollte: eine als Ganzes frei erfundene Handlung, aber in fast allen Teilen wieder ein Mosaik von Erlebnissen.

»Ließe nur der Felddienst mehr Zeit zu dichterischer Arbeit!« schrieb er im März des vorigen Jahres. »Ich beklage mich gewiss nicht und eine Anfrage, ob ich ins Presseamt eintreten wolle, habe ich kürzlich abgelehnt, weil ich fühlte, dass ich in die Front gehöre ... In einem frischen Anlauf, den ich gerade genommen hatte, haben mich russische Angriffsversuche mit Gas und schwerer Artillerievorbereitung erst eben zu Beginn' des Monats wieder aufgehalten. Ein paar ruhige Wochen und der ›Wolf Eschenlohr‹ wäre geschrieben!«

Im Sommer war er auf einige Wochen zum Stellvertretenden Generalstab nach Berlin kommandiert, um eine kriegsgeschichtliche Arbeit zu liefern. »Das verursacht mir täglich eine mindestens zehnstündige Akten- und Schreibarbeit. Gleichwohl vergeht keine Nacht, in der ich nicht mit einigen Zeilen wenigstens den im Kopfe völlig fertigen Plan meiner Kriegsnovelle fortsetze.« So schrieb er am 3. August. Am 23. sandte er, zu sicherer Verwahrung, das erste fertige Hauptstück in seiner aufrechten, charakterfesten Schrift. »Da ich morgen Nacht wieder zu meinem Regiment fahre, möchte ich vorher die Handschrift in Ihre Hände geben ... Ich bin inzwischen ein gut Stück weiter gekommen, habe aber von der Fortsetzung noch keine Abschrift.«

Am 15. Oktober traf ihn auf Ösel die tödliche Kugel. In seiner Kartentasche fanden sich, von dem Geschoß durchlöchert, die Blätter des zweiten Kapitels. »Wolf Eschenlohr« ist ein Fragment geblieben, vor dessen Bedeutung der Verlust des Ganzen bitterlich schmerzen muss. Ein Fragment jedoch, welches die Persönlichkeit des Dichters in solcher Fülle und Reinheit in sich trägt, dass es – in dieser Hinsicht doch ein Ganzes – der Öffentlichkeit nicht vorenthalten, sondern bald überliefert werden soll.

Vor diesem Werke nun hatte ein anderer Plan zurücktreten müssen: die Sammlung und Herausgabe der vorliegenden Stücke, die Walter Flex schon vor der Zeit des Krieges geschrieben und in Zeitschriften mitgeteilt hatte. Denn nichts sollte sein neues, ganz aus dem Erlebnis des Krieges zehrendes Schaffen stören, nichts auch die Blicke der Zuschauer von dem Höhenflug ablenken, in welchem dieser Dichter zwischen beiden Welten schwebte.

Nachdem der Tod dieser hoch ansteigenden Entwicklung jäh ein Ziel gesetzt hatte, waren die Erwägungen, die zum Aufschub dieser Sammlung bestimmt hatten, hinfällig geworden und die Erfüllung des vom Dichter gehegten Planes war geboten. Das erste dieser Stücke hatte er im letzten Frühjahr aus dem Felde gesandt, wohin er sie zum Vorlesen im Kameradenkreise mitgenommen hatte. Und wie sie dort lebendige Wirkung getan, so werden sie jetzt im Kreise seiner Leser die selbe Wirkung nicht verfehlen.

Ein Dichter von hohem Sinn und lauterer Kunst ist mit Walter Flex dahingegangen. Was er uns hinterließ, ein teures Andenken, ist menschlich und literarisch aller Teilnahme wert und gewiss. Jedoch auch abgelöst von diesem Persönlichen verdienen die hier vereinigten Stücke dem deutschen Schrifttum erhalten zu werden. In flüchtigen Stimmungen, in knappen Zügen, in einigen packenden Schicksalen ist hier eine ganze bedeutsame Zeit, die Wallensteins Antlitz trägt, vor uns hingestellt mit einer Unmittelbarkeit und Plastik, die neuerdings beweist, dass die Dichtung näher und wirklicher sein kann als die Geschichte. Neben der stofflichen Gewalt, von welcher der Dichter selbst mitunter noch befangen scheint, steht schon die feine Geistigkeit und der tiefe Ernst, die seine höchsten Eigenschaften sind: ist nicht das Blut der Almuth Petrus schon wie ein Großes Abendmahl und ist von Gotteskindschaft und von Menschenbruderschaft nicht auch in diesen Blättern schon ein deutlicher Hauch? Auch diese Gesichte und Geschichten von einem alten Kriege zeugen von der Seele des Leutnants und Dichters Walter Flex, der in unseren Tagen der Not gelebt hat und gestorben ist für den Glauben an das Göttliche im Menschen.

*Im Februar 1918.*
*Walther Eggert Windegg.*

## Das Blut der Almuth Petrus

Die Gemeinde des Hannibal Petrus hat keine Gnade zu erwarten. Zwischen ihr und dem Tode stehen nur die steinernen Mauern der Kirche von Frankenreuth.

Sie sind gut und stark diese Mauern, sie sind aus kyklopischen Blöcken in Karolingerzeiten von streitbaren Mönchen aufgetürmt worden als Bollwerk Gottes gegen heidnische Fäuste und Streitäxte. Schmale kleine Fenster und Luken sind in Manneshöhe durch ungefüge Quadern gesprengt, wie Schießscharten einer Burg oder Visiere einer Ritterrüstung. Acht Jahrhunderte und mehr hat dies Gottesbollwerk himmlischen und irdischen Stürmen getrotzt. Heute ist die graue Kirche doch nur ein Schlachthaus, auf das der Schlächter zuschreitet. Warum verrammelst du die Tore, Hannibal Petrus? Der Schlächter braucht nur die Axt zu erheben, um sie einzuschlagen.

Friedländische Dragoner liegen um die Kirche von Frankenreuth wie eine jappende Meute. Der Prädikant Petrus hat ihren Hauptmann mit einem Holzstuhl erschlagen wie einen wütigen Hund. Darum brennen alle Häuser und Hütten von Frankenreuth. Darum liegen Männer, Weiber und Kinder der Ketzergemeinde erschlagen im Blut, in Asche erstickt.

Nur ein Häuflein hat sich in die Kirche gerettet, zwölf Männer und das Weib des Prädikanten mit ihrem Buben und ihrem ungetauften Säugling. Aber diese Wenigen sind waffenlos eingepfercht und wissen, dass die Dragoner draußen Boten ins friedländische Lager vor Nürnberg geschickt haben, eine Feldschlange zu holen.

Ein Stündlein oder zwei kann es noch dauern, bis die Eichenbohlen der Tür von einer Stückkugel zerbersten. Dann bricht die Ewigkeit an.

Der halbwüchsige Bub des Prädikanten hängt mit ganzem Leibe am Glockenstrang, der vom offenen Dachreiter in das Kirchlein herabreicht. Die Glocke wimmert und gellt. Aber ihre Hilferufe verhallen über Wald und Feld. Nürnberg ist umlagert und kann keine Hilfe schicken. Die Ketzerglocke weckt nur das Gelächter der Dragoner als Echo. Sie sind abgesessen und verhöhnen das Totengeläut des Armsünderglöckleins.

Hannibal Petrus, der Prädikant, weiß das Ende, wie sie alle es wissen. Aber er weiß mehr. Er kennt sein Amt. Er steht auf der Steinkanzel der Kirche und predigt vom Tode.

Sein Körper ist reckenhaft und streitbar wie sein Name. Schwarzes Haar, das sich im Wirbel strudelt, umbuscht seinen mächtigen Kopf. Seine bärenhaften Hände und Arme ragen nackt und braun aus zerfetzten Rockärmeln. Seine dunklen Augen lodern aus dem bartlosen, weißen Gesicht, in das seine Worte und Gedanken grimmige Furchen reißen, die wie Blitze kommen und gehen.

Und er predigt so:

»Wir sind begraben in einem steinernen Sarge und hören die Sterbeglocke über uns klagen. Mein Bub, der am Glockenseil hängt, glaubt, er läute um Hilfe und verschwendet das letzte Zucken seines Herzens an Hoffnung. Lasst ihn! es ist Kindesvorrecht, vom Tod überrumpelt zu werden; wer nichts vom Leben weiß, braucht auch vom Tode nichts zu wissen.

Hier liegen wir wie Kinder, die ihr Haupt hilfesuchend in Gottes Schoß pressen. Aber die Teufel werden uns packen, wie man Kindlein vom Schoß des Vaters reißt. Gott wird ihnen nicht wehren. Er hat seinen eingeborenen Sohn zwischen seinen Knien sterben sehen und nicht die

Braue seines Auges gerührt. Das macht, Gott sieht den Tod anders als wir. Wir sehen ihn als finstere Mauer, Gott sieht ihn als ein Tor. Er will, dass wir dies Tor mit unserm Blut wie mit Rosen bekränzen. Sein Wille geschehe! Wäre ich ihm nicht treu aus Liebe, ich wäre ihm treu aus Trotz.

Der Kaiser hat seine Wölfe durchs Reich geschickt, dass sie uns das Evangelium wie ein Hemd vom Leibe reißen. Er soll gewahr werden, dass uns Hemd und Haut wie in eins verwachsen ist! Zweimal sind wir vor den kaiserlichen Söldnern geflohen, einmal vor Monden in den wilden Wald und heute in diese steinerne Gruft, der wir nicht entrinnen werden.

Damals habe ich zu euch gesprochen wie heute und habe euch versöhnt mit Gott, ehe ihr dahinfahrt. Sie hatten uns in den Wald getrieben und dachten, uns zu hetzen, wie man Tiere des Waldes hetzt. Wir aber dachten des Todes nicht. Wir dachten Gottes. Wir wussten, dass den Sterbenden geboten ist, sich mit Gott zu versöhnen. Wir bereuten unsere Sünden und verachteten die Welt. Wir hungerten nach dem Leibe des Herrn und dürsteten nach seinem Blute.

Aber wir hatten kein Brot und keinen Wein, keinen geweihten Kelch und keinen Altar.

Da zeigte ich mit der Hand über Wald und Feld und sprach: Hier ist der Tisch des Herrn, für uns gedeckt zur Vergebung der Sünden!

Da brach ich mit den Fingern die Rinde von einer Birke und sprach: Hier ist der Leib des Herrn! Nehmet hin und esset, das ist mein Leib, der für euch gegeben wird.

Da wies ich euch meine rechte Hand wie eine hohle Schale und sprach: Hier ist ein Kelch des Herrn, den er uns weihen möge!

Da stieß ich mein Messer in den jungen Leib einer grünenden Birke, dass der klare Saft in meine Hand träufelte und sprach: Hier ist Wein, den Gott selbst gekeltert hat! Nehmet hin und trinket! Dieser Kelch ist das Neue Testament in Christi Blute, das für euch vergossen wird zur Vergebung der Sünden.

Und ihr speistet in Andacht von der hölzernen Borke und tranket gläubig aus meiner Hand. Wisst ihr das noch?

Damals sind wir den Zähnen der Wölfe wie durch ein Wunder entronnen. Heute sitzen sie aufs neue auf unserer Fährte und werden nicht von uns lassen. Ihre Zähne sind gebleckt und triefen von Gier. Sie dürsten nach unserem Blute. Wir aber hungern und dürsten nach dem Blute des Herrn.

Und abermals sage ich euch: Hier haben wir keinen Wein für den Tisch des Herrn und kein Brot. Nicht ein Tröpfchen Wasser ist in dieser steinernen Gruft und kein Baum, in den ich mein Messer stoßen könnte. Hier ist ein unbestellter Tisch und ein leerer, schwerer Kelch aus Gold. Wir aber dürsten nach der Wegzehrung.

Tretet heran und versöhnt euch mit Gott! Ich reiche euch als ein Knecht Gottes den Kelch! Legt die Lippen daran und glaubet, so werdet ihr Christi Blut aus den Poren des Goldes saugen. Dieser Kelch ist allen, die glauben und nach Gott dürsten in ihrer letzten Stunde, so randvoll von süßer Gnade, dass die Luft, die ihn erfüllt, ihre Lippen netzen wird als ein klarer Wein.

Tretet heran! Tretet heran! Wir haben einen süßen und reinen Wein!«

Keiner hört, solange der gottbegeisterte Prädikant seine trotzigen Worte spricht, das bettelnde Geläut der kleinen Glocke und keiner das Lachen der Dragoner vor der Kirche.

Jetzt steigt Hannibal Petrus die steinernen Stufen der Kanzeltreppe herab und wendet sich zum Altar. Schweigend verrichtet er ein kurzes Gebet.

Dann hebt er lautlos das mächtige Haupt und steht hochaufgerichtet, gebieterisch und reckenhaft. Seine dunklen Augen sind von einer herrischen, unirdischen Glut erfüllt und aus ihrer Tiefe scheint ein magischer Feuerschein über seine weiße Stirn zu lodern.

Er schaut wortlos auf seine Gemeinde und zwingt sie unter das Joch seines Willens.

Sie sollen sterben wie er will, trotzig und gläubig.

Und die elf todgeweihten Männer sind in seine Hand gegeben, als lenke er sie an einem Zügel. Sie können die Augen nicht aus seinen Augen reißen und schreiten schweigend und schwer atmend näher.

Der Prädikant lauscht nach diesem schweren Atmen, wie ein Arzt den Atem der Sterbenden erhorcht.

Nun stehen die elf vor ihm, dicht vor ihm, mit weißen Gesichtern und willenlosen Gliedern. Da sieht Hannibal Petrus einen um den andern an und einer nach dem andern bricht unter diesem Blick in die Knie.

Aber sie gleichen sich nicht, diese elf Männer, die schwer wie Holzfiguren vor dem Hochaufgerichteten in die Knie sinken. Da ist ein Greis, der seinen welken Leib in williger Ergebenheit auf die Steinfliesen beugt, wie ein müdes Kind sich in die Kissen betten lässt. Dicht neben ihm aber ist ein stämmiger Bursche von achtzehn Jahren, dem die Wut der Verzweiflung durch alle Adern tobt. Der kniet nicht still nieder. Er lechzt nach Lärm und Hass und nicht nach dem Kelch der Versöhnung.

Ihn sieht Hannibal Petrus lange an, länger als alle anderen, und der Leib des Burschen bebt unter jedem Blick wie ein kernfester Baum, den Axtschlag um Axtschlag trifft. Endlich brechen ihm doch die Knie und er sinkt röchelnd zusammen wie ein armer Sünder vor seinem Henker. Hannibal Petrus' Auge lässt nicht von ihm. Er weiß wohl: dieser will nicht versöhnt sein, er will aus dieser letzten Gnadenstunde ausbrechen wie ein Bär aus seinem Käfig. Aber Hannibal Petrus ist stärker als er. Noch ein Schluchzen und Knirschen, dann ist der Trotzige geschwichtigt wie ein Kind.

Nun knien sie alle.

Der Prädikant hebt leise den schweren Abendmahlskelch vom Altar und hält das Heiligtum hoch in beiden Händen.

Seine Stimme ist jetzt voll und tief wie eine Glocke und schwingt tönend in der steinernen Halle aus. »Nehmet hin und trinket alle daraus! Dieser Kelch ist das Neue Testament in meinem Blute, das für euch vergossen wird zur Vergebung der Sünden.«

Nun führt er den leeren Kelch zu den Lippen des ersten, eines vollkräftigen Mannes. Der fühlt das kühle Gold auf seinen brennenden Lippen und schaut in die schimmernde Tiefe des Bechers wie ein Verzückter. Und er sieht den klaren Wein, der leise zwischen der goldenen Wandung schaukelt, und er schmeckt ihn auf seinen Lippen.

»Das ist mein Blut, für euch gegeben und vergossen zur Vergebung der Sünden.« Nun trinkt der zweite …

Aber plötzlich wird der Bann gebrochen, der über den elf knienden Männern liegt. Das Weib des Prädikanten ist es, die ihn bricht.

Sie ist eine zarte, blonde Frau, Almuth Petrus, mit großen, blauen Kinderaugen, die ewig zu fragen oder um Hilfe zu bitten scheinen. Wer Hannibal Petrus und sein Weib einmal mitsammen gesehen hat, der weiß, dass sein Wille auch ihr Wille, sein Glaube auch ihr Glaube, sein Lieben und Hassen auch ihr Lieben und Hassen ist. Von ihr am wenigsten hätte der Prädikant eine Störung seines letzten und heiligsten Amtes befürchtet.

Aber gerade weil ihr armes Herz ganz trunken von seinem Glauben ist, wirft sie sich nun zwischen den Gatten und seine Gemeinde und zerbricht seinen Willen, der wie eine unsichtbare Fessel die elf umschmiedet.

Almuth Petrus hebt ihren Säugling zu dem Gatten empor und ruft ihm jäh und bettelnd wieder und wieder wie ein Kind, das sich nicht beschwichtigen lässt, ein flehendes Wort entgegen.

»Taufe«, ruft sie, »taufe!«

Tränen quellen in ihren Augen auf, ihre Arme zittern.

»Taufe!« ruft sie bettelnd, »taufe mein Kind, Hannibal!«

Der Prädikant sucht sie mit einem Blick zur Seite zu scheuchen, aber sie dringt immer näher und jammervoller auf ihn ein. Ihre Stimme verliert sich in Schluchzen.

Hannibal Petrus weiß wohl, was sie fühlt und will. Bisher hat sie lautlos in einem Winkel gehockt, ihr Kind an die Brust gedrückt und nur einen Gedanken gehabt: Sie wollen es mir töten! Mein Gott, sie wollen es mir töten! Das Wimmern der Glocke, der rohe Lärm der Dragoner, die schwellende und grollende Stimme des Gatten sind nur wie ein wirres, sinnloses Brausen über sie hingegangen. Sie hat so wenig von dem allen gehört, wie ein Fieberkranker von den Stimmen derer hört, die um sein Lager stehen.

Erst das Schweigen, das den Worten des Prädikanten folgte, erst die furchtbare Stille, in der Hannibal Petrus mit seiner Gemeinde rang, hat sie geweckt.

Mit geweiteten Augen hat sie einen nach dem andern vor ihrem Gatten in die Knie brechen sehen wie vor einem Richter über Leben und Tod. Wie ein Pförtner am Tor der Ewigkeit ist der gewaltige Mann mit einem Male vor ihr gestanden und hat die Tore der Ewigkeit aufgestoßen. Der Herr ihres Lebens ist zum Herrn auch ihres Sterbens geworden. In Inbrunst, Demut und Grauen ist ihr kopfloser Jammer erstickt. Langsam, langsam ist sie über die Steinfliesen der Kirche auf ihn zu geschritten, um sich willenlos in seine Hände zu geben.

Hannibal Petrus hat wohl gesehen, wie sie sich erhob und mit schweren Füßen auf ihn zuwankte. Dankbaren und bebenden Herzens hat er gespürt, wie ihre Seele bei jedem Schritt mehr vom irdischen Jammer hinter sich ließ und nach ihrem Teil von der Gnadenfülle der Ewigkeit verlangte.

Aber Hannibal Petrus hat auch gesehen, wie sie plötzlich unter dem jähen Schauer eines furchtbaren Gefühls zusammenschrak und ihr Kind leidenschaftlich an sich presste.

Jetzt stehen Mann und Weib sich gegenüber. »Taufe!« ruft Almuth Petrus.

Und der Prädikant weiß, was sie fühlt. Ihr Glaube war im Begriff gewesen, den Tod zu vergessen, der nach dem Kinde griff. Jetzt spürt sie ein grauenvoll Unaussprechliches: die Ewigkeit schiebt sich grausam und dunkel zwischen ihr Kind und Gott, zwischen ihr Kind und sie selbst. Der Mann vor ihr, der seine Gemeinde mit dem erlösenden Blut Gottes labt, hat eine Schuld an sie und ihr Kind. Er denkt an Fremde und sieht sein unmündiges Kind nicht, das ungetauft und namenlos dem Tod überantwortet ist, hilfloser als alle andern. Ein Hausvater, auch wenn er kein Priester ist, hat die heilige Pflicht, sein Fleisch und Blut zu taufen, wenn es nicht Kraft zum Leben hat. Er kann ihm sein irdisches Teil nicht retten, aber er darf ihm sein ewiges nicht vorenthalten.

»Taufe!« ruft Almuth Petrus.

»Es ist kein Wasser hier«, sagt der Prädikant, »störe uns nicht!« Aber die elf vor ihm haben sich langsam und schwer erhoben. Der Wein im Kelch ist unsichtbar geworden und versiegt. Hannibal Petrus hält nur den leeren, schweren Goldkelch in Händen.

»Taufe!« klagt die junge Mutter. »Du darfst mich nicht von meinem Kinde scheiden.«

Die Stimme des Hannibal Petrus ist matt und klanglos geworden. »Gott wird unser Kind nicht verstoßen«, sagt er, »es hat keine Zeit gehabt zu sündigen. Deinem Kinde kann ich nicht helfen noch schaden, aber diesen hier kann ich helfen. Störe mich nicht!« Aber er glaubt selbst nicht, dass die Frau von ihm ablassen wird.

Almuth Petrus steht dicht vor ihrem Mann. Sie reicht ihm kaum bis an die Schulter, aber sie hat keine Furcht vor ihm. Ihr zuckendes Herz ist ganz von einer zähen und jammervollen Sehnsucht ausgefüllt. Ihr Kind soll die Taufe haben.

»Du kannst fremden Männern den Kelch mit Wein füllen, aber deinem Kinde kannst du nicht Wasser auf den Taufstein schaffen. Gib her, ich hole dir Wasser!« Und sie greift nach dem goldenen Kelche.

Hannibal Petrus hat keine Antwort für sein Weib. Er weiß, dass er ihre eifersüchtige und jammervolle Mutterliebe nicht zwingen kann, Wasser im trockenen Taufbecken zu sehen. Nicht um einen Tropfen wird sie ihr Kind betrügen lassen. Sie hat ganz recht, Wein für Fremde kann er schaffen, nicht Wasser für sein Kind. Er lässt ihr traurig den Kelch.

Da leuchten ihre blauen Kinderaugen auf, sie legt ihm den Säugling in den Arm und schreitet zur Tür.

Wie sie die Tür entriegelt, ruft ihr der Prädikant nach. »Es ist umsonst, Almuth, sie lassen dich nicht an den Brunnen!«

Sie wendet sich noch einmal und sieht ihn an wie eine Verzückte. Jetzt ist sie des Hannibal Petrus Weib in jedem Zug ihres Schwärmerantlitzes.

»Mir gelingt es, Wasser zu schöpfen. Ich hol's ja für Gott. Lassen mich die Dragoner nicht an den Brunnen, so wird er Regen schicken und meinen Kelch füllen.«

Hannibal Petrus zuckt und schweigt. Er schickt einen schmerzvollen Blick durch das schmale Fenster: der Himmel ist wolkenlos und blau wie die lieben Augen seines Weibes. Sie wird Gott nicht zwingen, ein Wunder zu tun.

Die Augen der elf Männer folgen dem schweifenden Blick des Prädikanten. Alle sehen das Blau des Himmels wie er. Ihre Herzen sind zage und erschüttert zugleich. Sie alle sind wie Fiebernde und Irre geworden in dieser Stunde unter der Gewalt des Hannibal Petrus.

Keiner fühlt, wie er sonst dacht und fühlt. Wird Gott ein Wunder tun? Schweigend und schwer atmend drängen sie der Verzückten nach zur Tür.

Jetzt schiebt Almuth Petrus den Riegel zurück und tritt ins Freie. Der goldene Gnadenkelch leuchtet über ihren weißen Händen und gleißt in der Herbstsonne.

Hundert Schritt von ihr hockt ein Haufe Dragoner auf dem steinernen Rand eines Ziehbrunnens.

Sie erheben sich langsam und lauernd, als die Kirchentür aufgeht, und greifen nach ihren Waffen. Ein und der andere tut zwei, drei rasche Schritte vorwärts und bleibt wieder stehen. Sie erwarten, dass eine Rotte Verzweifelter sich in ihre Eisen stürzen will, aber sie sehen nur eine blasse Frau, die wie im Traum auf sie zuwandelt und ihnen aus fieberdunklen, blauen Augen entgegenblickt. Keiner weiß, was sie will.

Almuth Petrus tut nur wenige Schritte. Dann sinkt sie kraftlos in die Knie. Aber ihre weißen Arme strecken sich um so sehnsüchtiger vor und halten den Dragonern den Kelch entgegen. »Wasser!« haucht sie wie eine Verschmachtende. Ihre Lippen sind trocken und vermögen kein Wort mehr zu formen.

Jetzt lacht einer der Dragoner roh und wüst auf und die andern fallen ein. Sie wissen mit einem Male, was in der steinernen Kirche vorgeht. Sie kennen das, sie haben es oft gesehen. Die Armesündernarrheit ist hinter den festen Mauern ausgebrochen. Die Schelmenangst vor Tod und Todesqual dörrt Männern und Weibern Kehle und Herz aus und macht sie wahnsinnig. Mit irrem Gestammel fängt das Spiel an, dann kommt das Flehen und Winseln, dann das gellende Lachen und Schreien und endlich das Röcheln und Zucken. Heissa, der Schelmentanz hebt an! Jetzt heißt es, dem Pack aufspielen, dass jedes Glied tanzt, wie sie fiedeln!

»Näher, Närrchen, nur näher!« schreit ein rothaariger Kerl, der auf dem Brunnen hockt, und schlägt sich klatschend den Schenkel. »Es geschieht dir nichts, was uns weh tut!«

Die andern wiehern und grölen. »Hast du Durst? Du sollst uns ein Vivat saufen aus deinem Ketzerkelch!«

Almuth Petrus liegt starr und wehrlos auf ihren Knien. Sie vermag die Entfernung zwischen sich und dem Gesindel weder zu verringern, noch zu vergrößern. Sie weiß, dass jedes Wort vergebens ist, und würde schweigen, auch wenn sie reden könnte. Sie hört keins der unflätigen Worte, die ihr entgegenschallen, und sieht keine der wüsten Gebärden. Sie hat den erbarmungslosen Hohn der Soldateska gefühlt, ehe ein Wort sie anwehte, und erwartet sich von Menschen keine Gnade mehr. Ihr Haupt ist ihr in den Nacken gesunken und ihr Antlitz starr nach dem wolkenlosen Himmel emporgewandt.

Jetzt wird Gott ihr den Kelch füllen. Er wird die Schleusen seines Himmels öffnen, sie weiß es.

Da springt Hannibal Petrus aus dem dunklen Tor und reißt sein Weib in seine Arme. Er hebt sie aus dem Staube wie ein Kind und trägt sie zurück.

Aber auch die Dragoner sind aufgesprungen. »Der Pfaffe!« schreit einer, der den Prädikanten erkannt hat, »drauf!«

Sie stürmen vor, doch sie haben den Augenblick verpasst. Hannibal Petrus ist dem schützenden Tor zu nahe. Schon ist er mit seinem Raub auf der Schwelle.

Da wirft der Rothaarige sein Schwert mit einem Fluch nach dem Pfaffen. Es schwirrt durch die Luft und fährt sausend in die Brust der Almuth Petrus. Dann klirrt es auf die steinerne Schwelle.

Die Torflügel krachen zusammen und alles ist still. Die verlorene Gemeinde schweigt vor dem Tode, der in ihrer Mitte ist, und die Mordbuben lauschen gierig vor der verrammelten Pforte. Der Rothaarige bückt sich nach seinem blutbefleckten Schwerte und zeigt es mit hämischem Grinsen den Kameraden.

Auch das angstvolle Wimmern der Glocke schweigt. Der Bub des Prädikanten hat am Glockenstrang gerissen, bis der Schwengel sich aushob und samt dem schweren Seil auf die Fliesen niederschlug.

Nun ist alles still, drinnen und draußen …

Almuth Petrus stirbt. Ihre armen Augen, die blau wie klare Seen waren, werden groß und starr, als ob sie in jähem Frost gefrieren.

Aber sie sehen noch, diese Augen. Sie sehen noch, dass ihr rotes Herzblut durch ihr leinenes Kleid quillt und sickernd den Goldkelch füllt, den sie im Todeskrampf gegen die Brust gepresst hält, ohne es zu wissen.

Hannibal Petrus will ihr den Schmerzenskelch barmherzig aus den Fingern lösen. Da sieht sie ihn voll und starr an. Ein plötzliches Leuchten strahlt aus der Tiefe ihrer Augen und verklärt ihr weißes Gesicht, dass es durchscheinend hell wird wie ein Heiligenantlitz. Ihr sterbender Leib strafft sich, als ob sie wüchse. Sie entwächst den Armen des Gatten und steht einen Herzschlag lang gebieterisch vor ihm. Ihre Lippe zuckt. Das Leuchten in ihren Augen hat etwas Unirdisches und Gespenstisches bekommen. Beide Hände sind um den Kelch gekämpft und heben ihn wie ein Heiligtum empor. »Taufe!« ruft sie und bricht zusammen.

Und nun wissen es alle: Gott hat sein Wunder getan. Gott hat seinen Kelch in den Händen der Mutter mit seinem Allerheiligsten gefüllt.

Aller Augen sind herrisch und fordernd auf den Prädikanten gerichtet, der schwer atmend das goldene Gefäß in seinen Händen hält und in seine Tiefe schaut wie in qualvollen Träumen.

Hannibal Petrus sieht das liebe Blut seines Weibes in der Tiefe des Kelches dunkeln und fühlt nichts als eine bohrende Verzweiflung. Jetzt ist er der Schwächste von allen. Alle, die er vordem herrisch in Bann geschlagen und unter seinen Willen gedemütigt, sind stärker als er. Jetzt ist ihr Wille über Hannibal Petrus.

»Taufe!« sagen die elf und halten ihm den nackten Säugling entgegen. Die Dämonie des letzten Stündleins ist in dem vom Tod umlauerten Steinhause ausgebrochen, aber es ist ein Wahnsinn von anderer Art als die Dragoner meinen, die vor der Schwelle lauschen.

Hannibal Petrus sieht irr und verloren um sich und will sich zu seinem sterbenden Weibe neigen. Da sieht er, dass ihr brechender Blick starr an dem Kelch in seinen Händen haftet, und er stöhnt auf.

»Taufe!« murren die elf. Einer von ihnen stützt die linke Hand des Predigers, die den Goldkelch hält. Kein Tropfen vom Blute der Almuth Petrus darf verschüttet werden. Jetzt klingt auch die Glocke über ihren Häuptern von neuem. Kurze, schrille, zermarternde Klänge dröhnen hart durch das steinerne Haus. Der Bub des Prädikanten ist in den Dachstuhl geklettert und schlägt in sinnloser Hast mit einem Dachziegel gegen das Erz des Glockenmantels.

»Taufe!« drohen die elf und starren auf ihren Prediger.

Da tut Hannibal Petrus ihren Willen. Er weiß nicht, ob es Frevel oder Gottesdienst ist, was er tut. Seine Lippen regen sich unheimlich und lautlos wie die eines Stummen. Dann geht ein klangloses Stammeln von ihnen aus.

»Wir sind samt Christo durch die Taufe begraben in den Tod, dass, gleichwie Christus ist von dem Tode auferweckt durch die Herrlichkeit des Vaters, also sollen auch wir in einem neuen Leben wandeln ...«

Der Prädikant bricht ab und sieht ins Leere.

»Taufe!« drohen die elf. Aber der Kopf des Hannibal Petrus ist wüst und taub. »Ich weiß keinen Namen«, sagt er tonlos.

Almuth Petrus hat alles verstanden. Ihre letzte Kraft kommt dem Gatten zu Hilfe. Sie vermag sich nicht mehr von den Steinfliesen des Bodens zu erheben, auf den sie hingestreckt ist. Sie vermag auch nicht mehr zu reden. Aber sie kann noch mit Hand und Augen deuten. Ihre weiße Hand hebt sich und weist nach der Glocke, die über ihr tönt.

Die Augen der elf folgen dem Wink und schauen empor. Es ist keiner unter ihnen, der die sterbende Frau nicht versteht. Ihr Kind soll heißen wie die Glocke, die über ihr tönt.

Einer ist unter ihnen, der spricht den Namen der Glocke aus, der in ehernen Buchstaben dem Erzmantel aufgeprägt ist. Er spricht ihn aus, als läse er ihn dort oben ab: Johannes.

Hannibal Petrus hält den Leidenskelch in zitternden Händen über dem nackten Säugling. Weiß er, dass seine zuckenden Hände das heilige Blut über dem nackten Knäblein verschütten? Weiß er, dass er die Worte des Sakramentes stammelt? ...

Das Kind der Almuth Petrus ist auf den Glockennamen Johannes getauft. Aber es weiß nichts davon. Es kennt weder Vater noch Mutter noch den ehernen Taufpaten, der unaufhörlich über ihm ruft und klagt.

Einer der Männer bettet den Täufling zu der Mutter. Almuth Petrus lächelt und stirbt.

Der Prädikant starrt noch immer vor sich hin und hält den blutigen Kelch. Einer der elf will ihn barmherzig aus seinen Händen lösen. Aber Hannibal Petrus blitzt ihn jäh aus dunklen Augen an, dass er zurückweicht.

Da reckt sich der Prädikant wie ein Sklave, der seine Kette zerbricht, und blickt sich wild um. Seine Augen lodern gefährlich.

Jetzt spricht er. Klirrend springen ihm die Worte von den Lippen.

»Ich habe getan, was ihr wolltet«, ruft er, »nun seid ihr mein! Auf die Knie mit euch! Betet! Denn in dieser Stunde treten wir vor Gott!«

Schweigend knien die elf wie vor ihrem Richter. Schweigend verrichten sie ihr letztes Gebet.

Die massige Gestalt des Hannibal Petrus reckt sich. »Steht auf«, herrscht er sie an. »Waffnet euch!«

Er selbst birgt den heiligen Kelch an seiner Brust und ergreift den ehernen Glockenschwengel wie eine Keule. Er schwingt ihn über dem Haupte. Seine Augen flammen, Raserei hat ihn gepackt.

Da kommt die lose Wut auch über die elf. Sie zerbrechen mit ihren Fäusten das Kirchengestühl und packen die Trümmer als Waffe.

Hannibal Petrus reißt den Kloben, der das Tor sperrt, zur Seite und schlägt dröhnend mit seiner Erzkeule dagegen, dass die hölzernen Flügel gegen die Steinlaibung schmettern.

Ihm nach drängt die Rotte der elf ...

Der Bube des Hannibal Petrus wird endlich inne, dass es zu spät ist, um Hilfe zu rufen. Er hört auf, sinnlos mit dem steinernen Ziegel gegen den Glockenmantel zu hämmern. Er duckt sich ins Dachgebälk und späht durch eine der Luken. Aber er vermag den Anblick nicht zu ertragen, der sich ihm bietet. Er kriecht von der Luke zurück und kauert sich im dunkelsten Winkel der Dachsparren zusammen.

Vor der Kirche stirbt Hannibal Petrus mit den Seinen. Aber keiner stirbt, der nicht einen der Mordbuben vor sich her wie einen Hund ins Dunkel der Ewigkeit gestoßen hätte.

Ein Haufen toter Männer türmt sich zwischen Kirchenschwelle und Brunnen. Aber noch steht Hannibal Petrus. Er steht hinter den Gefallenen wie hinter einer Mauer und lässt die Erzkeule um sein Haupt kreisen. Zerfetzt, blutig, spukhaft ist seine Erscheinung.

Mit einem Male schmettert er die Keule mitten unter die Dragoner, als schleudere er einen Knochen in ein Wolfsrudel. Zugleich setzt er in jähem Sprung über den Totenhaufen, wirft die Rotte der Feinde in wildem Anprall auseinander und schwingt sich auf den Rand des Brunnens. Hoch aufgelichtet steht er sekundenlang über der Tiefe und presst beide Hände triumphierend über den heiligen Kelch, der an seinem Herzen ruht. Dann stürzt er sich in den Schacht der Ewigkeit, der sich dunkel unter ihm öffnet.

Keine unreine Hand oder Lippe wird an den Kelch der Almuth Petrus rühren ...

Einer der Dragoner schreitet mit einem Fluch über die Gefallenen und tritt spähend in die Kirche. Aber er findet nur eine Frau und ein nacktes Kind reglos in ihrem Blute hingestreckt. Er wendet sich zu den andern zurück und knirscht mit einer Grimasse: »Pack! Sie haben Weib und Kind vorausgeschickt!«

Aber das Kind im Arm der Almuth Petrus ist nicht tot. Das mütterliche Blut, mit dem sein hilfloser Leib getauft ist, hat die Mordbuben getäuscht ...

Als es dämmert, klettert der Bub aus dem Dachgebälk nieder wie eine Katze und schleicht auf nackten Füßen zu dem hilflosen Brüderchen. Er drückt das Wimmernde an sich und stiehlt sich durchs Kirchentor.

Er hastet im Schatten der Trümmerhaufen dahin und strebt nach dem dunklen Walde. Auf seinen schwachen

Armen trägt er die Bürde eines hilflosen Lebens. Sein Herz klopft zum Zerspringen. Er ist sinnlos vor Angst und Entsetzen und tut doch nichts Kopfloses. Das macht, es ist eine dunkle Kraft in den Trieben unmündiger und wehrloser Geschöpfe mächtig, die aus Gott stammt.

Weit, endlos weit dehnen sich die Wälder um Nürnberg.

Schwerer und schwerer wird die Last des Säuglings auf den zitternden Armen des blassen Jungen. Seine Glieder sind wie blutleer und ausgesogen, seine Pulse klopfen zum Zerspringen, in seinen Ohren ist ein Rauschen und Sausen, durch das immer wieder ein gellendes Hämmern schrillt, als schlüge einer mit Stein auf Erz …

Es dunkelt ihm vor den Augen, er beginnt wie im Fieber Dinge und Wesen zu sehen, die nicht sind. Die Bäume werden zu Rotten lauernder Marodeure, Sträucher werden zu Haufen toter Männer, die dunkle Gestalt des Vaters richtet sich massig und drohend vor ihm auf und hält ihm den Goldkelch entgegen, in dem das Blut seiner Mutter blinkt …

Schwerer, immer schwerer wird dem fiebernden Kinde die lebendige Last. Verhüllt und dunkel liegt sie auf seinen mageren Armen wie ein totes Gewicht. Er weiß kaum, was er durch Nacht und Todesgrauen dahinschleppt. Seine Hände sind krampfhaft verschränkt und seine Arme sind taub und fühllos. Seine Gedanken verwirren sich …

Schwerer und schwerer drückt die Bürde, als wandle sich der Johannesknabe in seinen ehernen Taufpaten. Schwer wie die Erzglocke ist die Last, die das Kind durch die Nacht trägt. Aber er bringt sie sicher nach Nürnberg, wo Hilfe ist. –

Eine Glocke ist den Händen der Teufel entrissen, eine heilige Glocke ist dem Dienste des Herrn gerettet! Johannes Petrus, du hast nicht Vater noch Mutter, aber deine Seele ist eine blutgetaufte Glocke, die Gott lieb ist.

Johannes Petrus, Glocke Gottes, wie wirst du tönen?

Töne rein und voll, heilige Glocke Gottes! Die verlorene Menschheit bedarf der Kraft und der Liebe. Blutgetaufte Glocke Gottes, wer soll von Kraft und Liebe tönen, wenn nicht du?

## WALLENSTEINS ANTLITZ

Vor dem Zelte des Generalissimus, das an beherrschender Stelle des Alten Berges errichtet war, hatte sich trotz der vorgerückten Nachtstunde eine erregte Gruppe höherer Offiziere gesammelt. Obwohl auch ein lautes Wort bei dem starken Winde, der sich rauschend durch die herbstlichen Wipfel wühlte, kaum den Weg durch das dickwandige, staubgraue Zeltleinen gefunden hätte, wurde die Unterhaltung leise und stockend geführt. Die schweren, von hundert Regennächten geschwärzten Taue, mit denen das Zelt an Baumstümpfen und mächtigen Föhrenstämmen verankert war, waren straff gespannt und scheuerten in beinah regelmäßigen Pausen knirschend und kreischend über das feuchte Holz.

»So gern ich's wüsste – wir werden's wohl niemals erfahren!«

Der Obristleutnant Wangler warf einen verweisenden Blick auf den Sprecher. »Du wirfst den Jungen voreilig zu den Toten, Bredow! So Gott will, erzählt er's uns noch einmal selber.« Er schwieg und schickte durch die lichtlose Nacht einen ingrimmigen Blick nach dem Fahnentuch über dem Zelte, das in diesem Augenblick laut klatschend, mit einem Ton, der einer kurzen, scharfen Lache nicht unähnlich war, gegen die feuchte Stange schlug.

»Der Junge ist so brav, dass er solchen Tod verdient hat. Gott schenk' ihm kein Krüppeldasein!« verteidigte sich Obrist von Bredow und scheuerte die kleinen Finger zornig an seinem Koller.

Was die Herren bewegte, war ein Vorfall, der leicht die

verhängnisvollsten Folgen für die kaiserlichen Waffen hätte haben können. Wallenstein hatte zwei Stunden zuvor nach seiner Art einen mitternächtigen Rundgang um die Vorposten gemacht. Nur der Obrist Mohr vom Wald und Wallensteins Leibwache Franz hatten ihn begleitet. Dabei hatte sich das Unerhörte ereignet: Wie die Drei eine Waldblöße überschreiten, versperrt der Junge, der einen halben Schritt vor dem Generalissimus geht, diesem mit einer scheinbar ungeschickten Wendung, plötzlich hart vor seinen Füßen stehen bleibend, den Weg. Mohr vom Wald gibt ihm unwirsch einen Stoß gegen die Schulter. »Vorwärts, Tölpel!« In diesem Augenblick aber bricht Franz, mit einem tonlosen Seufzer rückwärts fallend, in die Knie und wie der Generalissimus ihn auffängt und sich über ihn neigt, sieht er, dass dem Jungen das rote Blut in Bächen über das Antlitz strömt. Ringsum ist totenstille Nacht, vorher und nachher.

Auf eigenen Armen trägt Wallenstein den leblosen Jungen in sein Zelt zurück und sitzt in tiefem Nachsinnen an seinem Lager. Schweigend nimmt er aus des Medikus Händen einen flachrunden Stein, den dieser mit seinen Instrumenten aus der durchschlagenen Schläfe des Jungen herausgräbt. Er schickt selbst den Obristen Mohr vom Wald aus dem Zelt und bleibt allein und unbeweglich in stummem Brüten an dem Sterbelager zurück. –

»Kaum die Hand vor den Augen konnte man sehen«, versicherte Mohr vom Wald den Kameraden zum zehnten Male. »Wie soll der Junge einen Menschen gesehen haben, der aus sicherem Versteck und einer Entfernung von zweifellos mehr als dreißig Schritt sein Mordgeschoss schleudert! Und wer richtet in stockdunkler Nacht eine so winzige Waffe mit so unfehlbarer Sicherheit auf den General? Ich versichere, ich habe vorher und nachher keinen Schritt, kein Knacken in den Zweigen, kein menschliches

Atemholen gehört. Und doch schob sich der Junge im entscheidenden Augenblick so rasch und selbstverständlich vor den General, als war's eine Figur im Tanze, die er auszuführen hätte. War das Zufall? War's Absicht? Und wäre das Unmögliche möglich und er hätte den Feind gewittert – denn ein Sehen war unmöglich –, woher wusste er die Bahn des Geschosses so auf den Zoll zu berechnen? Rätsel über Rätsel! und der Junge löst's uns nicht mehr auf, Wangler. Der sieht den Morgen nimmer.« Die Herren schwiegen.

Jetzt wurde der Türvorhang des Zeltes von unsichtbarer Hand bewegt. Mit zwei raschen Schritten trat Mohr vom Wald dem Generalissimus dienstbereit entgegen und hielt die vor Nässe brettartig steife Leinwand in die Höhe. Die Offiziere sahen, wie Wallenstein noch einmal zurücktrat, dem Arzt einen Wink gab und dem leblos Daliegenden mit der Hand abschiednehmend leicht durch die blutigen Locken fuhr. Dann verließ er lautlos das Zelt.

Vor seinen Offizieren blieb er stehen und betrachtete sie mit einem nachdenklichen Blick. Dann begann er zögernd und leise zu reden, indem er scheinbar gedankenlos auf das Blut an seiner rechten Hand niedersah. »Ja, Herren, darüber zu grübeln, fruchtet nichts. Zufall? Absicht? Was heißt das? Blind oder sehend – es war Bestimmung, dass er's tat.«

Er schwieg und sah angespannt auf die ernsten Gesichter seiner Offiziere, deren Gespräch er, ohne es zu kennen, an dem Punkte aufnahm, wo sie es liegen gelassen hatten. Wer Wallensteins Gesicht kannte, der sah ihm jetzt an, dass er noch ein Letztes unausgesprochen zurückhielt, das er doch aussprechen musste. Er hob kaum die Lippen, als er leise, aber mit Festigkeit weiter sprach. »Ich wusste das. Seit langem. Immer.« Er schwieg und griff in das feuchte Laub einer jungen Buche, das er zwischen den Fingern der rechten Hand zusammenpresste. Scheinbar gedankenlos blickte er auf die rötlich niedertröpfelnde Feuchtigkeit und trocknete die Hand in den bauschigen Falten seines Rockes.

Niemand wagte die Gedanken des Generalissimus zu unterbrechen. Die Herren standen, ohne sich zu rühren. Wallensteins Augen gingen von einem zum andern. Er fuhr fort zu reden.

»Ich will den Herren sagen, wie ich den Burschen auflas oder, wenn man das weiß, warum ich ihn mir vom Galgen schnitt und als Leibwache annahm.

Der Junge war ein Nürnberger Kaufherrnsohn. Sein Vater hatte durch fünfzig lange Werkeljahre den Weg von der Armut zum Wohlstand ausgemessen und in weniger als fünfzig Tagen den Weg zum Bettelstab zurückgefunden. Der die Schuld daran trug, war ich, oder der Schwede, oder der Soldat, oder der Krieg. Fünfzig Jahre, in denen die Gedanken ums Geld gehen, wie der Pfaff um den Altar, haben mehr Macht über ein Herz, als ein Soldat zu denken vermag. In dem Nürnberger ging mit dem reichen Mann zur selben Stunde der Mensch zu schanden. Was übrig blieb, war ein rachgieriges, beutelüsternes Raubtier, das auf der Fährte der Soldaten lag, die Todwunden abwürgte, die Toten auszog, Versprengte und Vorposten aus dem Hinterhalt niederriss und mit Wolfsgier zusammenraubte, was er erraffen konnte. Das war der Vater des Franz.

Weiß ein Soldat heute, was das in einem Nürnberger Kaufherrnhause heißt oder hieß: Sohn und Vater? Das heißt: Gehorchen und Befehlen, Hund und Herr, Mensch und Gott – je nachdem wer der Vater ist.

Der gebietende Gott und der gehorsamende Mensch, das waren der Kaufherr und sein Sohn, ehe der Zusammenbruch kam, Hund und Herr, das war Franz und sein Vater nach dem Zusammenbruch. Ein reißender Hund, der auf einen Wink des Vaters jeden Soldaten anfiel und an der Kehle niederriss, ein Hund, der auf einen Pfiff parierte und jeden Fehlsprung mit Misshandlungen büßte, ein verwilderter, halbtoller Hund in den Händen eines Strauchdiebes – das war der Junge durch Tage und Wochen.

Eines Tages war der Alte meinen Arkebusiern in die Falle gegangen, die dem reißenden Wolf seit langem aufpassten. Der Junge wollt' ihn herausbeißen und geriet selbst in die Eisen.

Meine Burschen machten wenig Federlesens mit dem Gesindel. Vor den Augen des Jungen beugten sie zwei junge Fichten zusammen, schnürten dem Alten Arm und Fuß hüben und Arm und Fuß drüben an den Stamm und ließen die Bäume empor- und auseinanderschnellen. Dann fielen sie über den Jungen her, um ihn dem Alten nachzusenden.

In dem Augenblick trat ich aus dem Gehölz und wie ich die Gruppe sah, blieb ich stehen.

Da hob der Bursche den Kopf und ich blickte in ein Gesicht, das starr und gleichgültig wie eine Maske war. Mit eins aber wurden die Augen des Jungen weit und groß und hafteten mit einem Blick in den meinen, der mich erschütterte. Und nun goß sich über Stirn und Antlitz bis über den Hals eine tiefe, brennende Röte, indes der Blick wie in verzehrender Scham den Boden suchte.

Ihr Herren, von allem Unbegreiflichen, was ich auf Erden gesehen, ist mir diese Scham eines halbvertierten Burschen vor einem fremden Menschenantlitz das Unbegreiflichste. Was sah er? Wen sah er? Wen glaubte er zu sehen?

Ich trat rasch auf ihn zu. »Kennst du mich, Bursch?« herrschte ich ihn an. Er stand niedergeschlagenen Auges wie ein verschämtes Weib vor mir und ein Zittern flog ihm durch alle Glieder. Zwei Knechte hielten ihn mit Mühe, als er sich mit jähem Ruck losriss und den Kopf gegen den nächsten Baumstamm zu schmettern suchte.

Da befahl ich, ihn an Armen und Füßen zu schließen und in mein Zelt zu bringen.

Zwei Tage und zwei Nächte musste ich den Rasenden gegen sich selbst schützen lassen, erst in der dritten Nacht zerschmolz seine letzte Kraft in einem Weinkrampf, der Leib und Seele lösen zu wollen schien. In dieser Nacht hat er sich mir entdeckt.

Der Junge hatte mich nie vorher gesehen, weder im Leben noch im Bilde. Nicht einmal als Feldherr war ich kenntlich an jenem Tage. Ich trug ein schäbiges, braunes Wams wie der geringste Dragoner. Was den Jungen erschütterte, war nichts als der durch Wochen und Monde entbehrte und vergessene Anblick eines Menschenantlitzes. Ihm war zumute – ich brauche seine eigenen Worte – wie Adam, als er nach dem Sündenfall das Angesicht des Herrn sah. Er hatte den vollen Vorgeschmack der Scham, die die Seele durchfriert, wenn sie am jüngsten Tage nackt vor Gott steht. Ihm war, als fühle er zum ersten Male nach so viel tauben und toten Jahrhunderten die eigene Seele und zugleich die furchtbare Notwendigkeit ihres unwiederbringlichen Verlustes. Wiedergeburt und Gericht in einem erschütternden Augenblick. Was war Leben und Tod vor dieser Scham, die Leib und Seele verzehrte und ihm, der das Erröten kaum aus Kindertagen kannte, alles Blut rot über Hals und Antlitz goss!

Ihr Herren, habe ich jemals einen Blick in Gottes geheimste Werkstatt getan, so war es in jener Stunde, da sich dieses Knaben Seele an der meinen entzündete oder wieder entzündete wie ein Licht an der Fackel. In der Herzkammer der Welt habe ich gestanden in jener Stunde, so wahr Gott lebt. Denn in der Stunde maß ich die Tiefe einer Menschenseele und fühlte etwas wie einen Abglanz der seelenschaffenden Urkraft in mir. Kein Wunder aber ist größer und kein Rätsel unauflöslicher. Alles was später und heute geschah, ist aus jener Quelle geflossen und mich gelüstet nicht zu wissen, wie das geschah, denn ich weiß das Warum ...«

Wallenstein schwieg. Seine Offiziere standen um ihn und erwogen die widersprechendsten Gedanken in ihren Köpfen. Und der Generalissimus wußte mit einmal, dass er zu Ungläubigen geredet hatte, denen seine Worte die Fäden der Geschehnisse noch unentwirrbarer verwirrt hatten, statt sie zu lösen. Ein schmerzlicher Zug trat in sein Gesicht. Plötzlich empfand er, dass er von der Seite voll und scharf gemustert wurde. Er wandte den Kopf und seine Blicke senkten sich in die des Obristen Mohr vom Wald.

Mohr vom Wald glaubte, in dieser Stunde Wallensteins Antlitz zum ersten Male zu sehen. Und es durchschauerte ihn der Gedanke, dass in diesem Augenblick die geheimnisvolle Macht, die einst die Seele des im Zelte verblutenden Knaben durchflutet hatte, auch von ihm Besitz nahm. Er glaubte, den Jungen zu verstehen.

Dass er das nie so gesehen hatte: dieses kampfzerwühlte, starrlebendige Antlitz war wie die gestaltenreife Erde, die klare Stirn, die über starken Brauen und leicht gehöhlten Schläfen mit edlem Schwung ansetzte und in einer großen und erhabenen Linie emporstieg, war wie der klare Himmel über ihm und Stirn und Antlitz, Himmel und Erde, alle Größe und Kühnheit irdischer und überirdischer Kraft schmolz in der tiefen Glut seiner herrlichen, schwarzen Augen zu einer unlöslichen, wunderbaren Einheit zusammen. – Mohr vom Wald glaubte, die Seelendienstbarkeit des sterbenden Knaben zu verstehen, ohne sie ausdenken zu können.

Als Wallensteins Blick dem seines Obristen begegnete, wich die schmerzliche, verachtungsvolle Trauer, die sich über seine Züge gebreitet hatte, dem lebendigen Ausdruck eines tiefen Glückes. Er ergriff wortlos die Hand des anderen und hielt sie sekundenlang in der seinen. –

Da hob der Medikus den Zeltvorhang und winkte. Wallenstein wandte sich rasch um und trat in das Zelt. Der Knabe tat seinen letzten Seufzer, ohne noch einmal zu sich selbst zu kommen.

Langsam zerstreuten sich die Offiziere und suchten ihr Lager auf. Nur Mohr vom Wald blieb in tiefem Sinnen zurück. Eine Menschenseele, deren Sendung erfüllt war, hatte den Weg in den Ursprung des Seins zurückgefunden. Das glaubte er zu fühlen. Aber nur mit dem aufwühlenden Schmerze einer ratlosen Ungewissheit vermochte er dem Ziel der Sendung jenes Großen nachzudenken, an den er erst heute zu glauben gelernt hatte.

Die Nacht hatte sich aufgehellt und das Mondlicht begann, über den grauen, sturmzerrissenen Wolkensäumen aufzublühen wie milchweißer Flieder über altem Gemäuer.

## Letzte Wacht

Am eben entzündeten Feuer eines weit bis über Fürth vorgeschobenen, friedländischen Postens sitzt ein junger Dragoner in hockender Stellung. Um ihn her liegen wie Klötze die Kameraden. Teufel auch, zwei Tage und zwei Nächte durchritten, durchrauft, durchlauert ... Das Lauern, das Warten, das Spähen, das ist das Schlimmste! Das höhlt die Augen wie mit glühendem Schabeisen.

Der junge Mensch starrt mit verbissenem Gesicht gegen den Himmel. Er hält den Kopf krampfhaft vorgeschoben wie eine schlechte Holzfigur. Im Nacken hat er ein Gefühl, als sitze in den Halswirbeln ein verbrauchtes Scharnier, das fortwährend niederklappen will ... Augen auf! oder es braucht bald niemand mehr Leichenwacht zu halten.

Im Föhrenwald drüben huschen ruhlose, irrlichternde Schatten hin und wider. Verdammtes Gesindel! Diese halbnackten, halbverhungerten, halbtollen Bauern treiben sich wie Wolfsrudel in den Wäldern umher. Augen auf! die Wölfe haben Witterung. Auf den Wiesen unten liegen ein paar Erschlagene. Gesichter und Leiber von einer schlüpfrig grauen Farbe, auf der die wechselnden Abendlichter wie Perlmuttflimmer spielen. Hat denn niemand Zeit, sie zu verscharren ...? Die Leute um die Feuer schlafen wie die Toten. Man könnte zweifeln, wessen Schlaf tiefer ist, der der Toten oder jener der Lebendigen.

Der Dragoner starrt gegen den Himmel. Der weite Horizont ist von breitgelappten Wolkenschollen umkränzt, auf denen das Abendrot in dasselbe stumpfe Violettgrau übergegangen ist wie das tote Blut, das auf den Gesichtern der

Erschlagenen geronnen ist. Es sieht sich an, als habe sich der Himmel zu dieser tollen Nacht des Todes mit Nachtschattenblüten gekränzt, die große Orgie des Wahnsinns mitzufeiern ...

Vor dem Dragoner geht ein schwarzer Mann auf und nieder. Auf und nieder ... Ja so, der Märten. Der Märten hat die Wache ...

Augen auf! Teufel, nur nicht einschlafen! Was war denn das? Der Märten ... Unsinn! Der verdammte Zweig da vor ihm schaukelt im Winde auf und nieder. Er will ihn abreißen, aber die Arme sind an den Leib gelötet. Der ganze Leib ist wie ein Bleiklumpen ...

Wer macht denn da die Tür auf? Der Friedel. Was willst du denn, kleiner Kerl? Lass mich doch schlafen!

Was macht nur das Brüderchen für ein Gesicht! Er kommt immer näher, leise, leise, auf den Zehen, mit einem feierlichen Leichenbittergesicht. Jetzt tippt er ihn an die Schulter. Komm mit! Komm mit ... Was denn? Ja so, der Vater. Der Vater liegt ja da drüben im Sterben.

Das kleine Brüderchen öffnet und schließt die Türen. Die Türen öffnen sich so leicht wie die Blätter eines Buches. Und sind doch von schwerem Eichenholz, das vom Alter gebräunt ist.

Jetzt sind sie da. Der Friedel sinkt in die Knie und hebt die Hände vors Gesicht, als ob er bete oder schluchze. Joseph-Maria – wer hat denn an des Vaters Bette die Sterbekerze entzündet!?

Der Vater liegt in schwerem, pelzverbrämtem Ratsherrenkleide auf dem wuchtigen, geschnitzten Riesenbette. Sogar die goldene Kette hat er um den Hals. Die Farbe seiner Backen sticht nicht ab von dem Weiß der Kissen ...

Wenn er nur die Augen schlösse! Diese harten, grauen Augen sind unerbittlich auf das schäbige Dragonerwams seines Kindes gerichtet. Vater, Vater, verzeih' mir, ich ...

Der Ratsherr liegt starr wie ein steinernes Grabmal. Nur seine Augen leben. Sie leben, ein unbarmherziges, fürchterliches Leben. Wenn er nur die Augen schlösse! Diese fürchterlichen Augen brennen sich in das schäbige Soldatenwams wie glühende Späne ein. Vater, bitte –

Da, er murmelt etwas ... Segne mich, Vater –! Vater, Vater, was tust du?! Der Sterbende hat sich jäh aufgerichtet, als ob eine steinerne Apostelfigur Leben bekommen hätte. Die ganze herrische Gestalt grollt empor ... Fluche mir nicht, Vater! Was tust du, Vater –? Seine Arme tappen ruckweise nach der Sterbekerze. Die steile, stille Flamme schaudert plötzlich unter dem hart zupackenden Griff ... Erbarmen, Erbarmen, Vater –! Umsonst. Der Vater stößt seinem Kinde die Sterbekerze ins Gesicht. Dann bricht er zusammen ...

Gnädiger Gott, was war das?! Der Dragoner fährt wild auf. Auf der Stirn brennt ein jäher Schmerz. Gott im Himmel, er schläft ja! Wenn er jetzt nicht mit dem Kopf vornüber in das Feuer gesunken wäre ... Augen auf, es ist nicht Zeit zum Schlafen! Teufel auch, es ist ja nur noch ein Stündchen ... Unsinn, wer hat denn da gesagt, sein Vater sei gestorben ...? Die Bauern ... wie die Wölfe ... Die Kerls schlafen wie ... Was war das doch eben mit seinem Vater ...? Unsinn! Augen auf! Verd ...

Über den mondweißen Dächern von Nürnberg tanzt ein großer, grauer, ruhlos huschender Schatten, wie von einer erlöschenden Lampe. Der Schlaf ist wie ein heimtückischer Räuber. Es ist, als ob er seinem Opfer ein Tuch mit betäubenden Dämpfen auf Mund und Nase drücke.

Der junge Dragoner liegt wie ein Toter unter Toten. Die Flamme knistert, als bettle sie um Holz. Sie leckt ängstlich flackernd hoch, ein paarmal schießt sie zuckend hierhin, dorthin, wie die Hände eines Fiebernden im Todeskampf. Dann sinkt sie zusammen ...

In den Wäldern drüben huschen die Schatten umher, irrlichternd, gespensternd ... Die halbnackten, halbverhungerten, halbtollen Bauern sind wie Wolfsrudel. Die Wölfe sind wach, die Wölfe haben Witterung.

Die Wölfe sind auf der Streife ...

## Das Gewitter

Das wochenlange Ringen um Nürnberg hatte kein Weltenschicksal erfüllt, wie man gedacht. Wie zwei Wetterwolken, die sich entladen hatten, waren die Heerscharen des Schweden und des Friedländers abgezogen, unbekümmert um die verwüstete Welt, die sie hinter sich zurückließen. In den Wäldern um Nürnberg, in den Flusstälern der verarmten fränkischen Landschaft, verrollten die letzten Donner. Fern im Norden zuckte die Luft elektrisch vom Wetterleuchten des entfesselten Weltenbrandes.

Von den erfüllten Schicksalen der Tausende, von denen kein Mensch mehr redete, redeten die Totenschilde an den Kirchenmauern von St. Sebald und St. Lorenz, redeten die Massengräber auf Friedhöfen und freiem Felde, redeten die bleichenden Gebeine in Feld und Wald um Nürnberg.

Zur zerstörten alten Veste auf der Fürth gegenüber gelagerten Waldhöhe zogen zwei einzelne Menschen. Sie gingen ungebahnte Pfade und schritten hastig aus wie verfolgtes Getier. Sie mochten beide die Zwanzig noch nicht überschritten haben, aber den verwüsteten Zügen des einen, der in zerlumpten Soldatenkleidern ging, vermochte man die Jahre nicht nachzurechnen, während das abgezehrte Gesicht seines Kameraden seine armselige Jugend auf den ersten Blick verriet. Der eine sah aus wie ein Tier, der andere wie ein zerstörter Mensch.

Beide kamen aus den Seuchenbaracken von Nürnberg. Der Soldat, ein sächsischer Landsknecht in schwedischen Diensten, zog der schwedischen Armada nach Sachsen nach und hatte den andern, reicher Leute Kind, der in wenigen Tagen verwaist und verarmt war, mit sich genommen; der war mitgezogen ohne viel Überlegen, hinter ihm der Tod, vor ihm ein zweifelhaftes Leben – es galt gleichviel oder gleichwenig.

Gebahnte Wege vermieden die beiden, weil es die Menschen zu vermeiden galt wie reißendes Getier. Freund oder Feind, Bauer oder Soldat – man tat gut, niemandem zu begegnen. Mochten sie sein, wer sie wollten, es würden Hungernde und Halbtolle sein. Lagen doch erschlagene und ausgeplünderte Menschenleiber auf allen Straßen als schreckhafte Warnzeichen. Selbst in dem unzugänglichen Dickicht, durch das sich die beiden Nachzügler schlugen, stießen sie bald auf bis zur Unkenntlichkeit verweste menschliche Reste, bald auf frische, bis auf die nackte Haut beraubte Leichname, denen sie trotz der steinzertrümmerten Hirnschale ansahen, dass sie noch gestern oder heut ihresgleichen gewesen waren.

Trafen die beiden auf solche Kadaver, so schritt der Ältere mit einem Fluch oder einer Zote vorüber, während der Jüngere mit verbissenem Ingrimm verweilte, als söge er aus diesen Zeichen menschlicher Ruchlosigkeit Sättigung für seine arme Seele. Wem aller Bettel menschlicher Hoffnungen aus dem Herzen gerissen ist, dem tut nichts wohler, als die Welt verachten zu können. Hier war der Ort dazu wie nirgends.

Der Wald stieg bergan. Von der Höhe würde man Umschau halten können und es tat not, nach allen Seiten zu wittern wie verfolgtes Wild. Hatte es nicht hier im Dickicht geknackt wie von schleichenden Tritten? barg sich dort in der Schlucht marodierendes Gesindel? Die Hand an der Büchse, ab und zu stehen bleibend, angestrengt lauschend und sich mit leisem Zuruf verständigend schritten die beiden weiter, bald Seite an Seite, bald um Rufweite von einander getrennt. Gingen sie neben einander, so führten sie ein bröckelndes Gespräch; jedes Wort war wie ein in den Abgrund geworfener Stein, dessen Fallen man nachhorchte.

Von besseren Tagen sprach der Ältere, von dem Hundeleben, das er zuletzt geführt, und von der Art, wie er sich des künftig schadlos halten wollte. Der Jüngere sprach mit verbissenen Lippen von den Todesseufzern in den Baracken, von den Totenschildern an den Kirchenwänden, von dem lohenden Waldbrand, den die Kaiserlichen entfesselt, als sie bei ihrem Abzug die Schanzen und Verhaue ihrer Befestigungen in Flammen aufgehen ließen, von der durch gefallenes Vieh und Fieberdünste der ungeräumten Miststätten verpesteten Luft seiner Vaterstadt und jedes Wort war gehässig und wild, als schlüge er seinem Menschen oder der Welt oder Gott damit ins Gesicht.

Ein jäher Gewitterguss, der wolkenbruchartig auf die Gegend niederstürzte, brachte beide zum Verstummen. Nur mit sich selber beschäftigt, hatten sie die drohend aufziehenden Wetterwolken übersehen.

Den letzten trockenen Faden zu retten, stürmten die beiden Soldaten den Mauerresten der alten Veste zu. Ein überhängendes Gemäuerstück und eine gegenübergelagerte Feldeinbuchtung gab beiden Schutz. Zwischen ihnen blieb ein Raum von etwa zwölf Schritten.

Eng an das bergende Gemäuer geschmiegt stand der Jüngere, den Blick auf Nürnberg und die sich heraufwälzenden Wolkenmassen gerichtet.

Da begab sich etwas Seltsames.

In dem Geröll, das den Boden bedeckte, regte sich etwas Lebendiges. Gerade inmitten der beiden Soldaten hob sich, wie von Menschenhand geschoben, ein größerer Steinblock. Den beiden Lauschern fuhr die Hand nach der Waffe, aber ihren Augen, die, des Feinds gewärtig, dem was sich bereitete, entgegenstarrten, bot sich ein Schauspiel, das eher zum Lachen reizen konnte.

Aus einer engen Erdspalte drängte sich ein Kinderleib, erst ein Mädchenköpfchen mit lehmverklebten Haaren und schmutzstarrendem Gesichtchen, dann ein halbnacktes, nur mit wenigen Lumpen behangenes Körperchen. Es mochte ein Kind von zehn Jahren sein. Langsam und scheuen Auges zwängte es sich vorsichtig ans Licht wie ein Eidechslein. Ihm folgte ein ebenso armseliger Kamerad, ein Mädchen von vielleicht dreizehn Jahren.

Eng aneinander gedrückt standen die zwei einen Augenblick wie betroffen von den Massen des schwer auf sie niederstürzenden Regens. Aber fast im selben Augenblick versiegten die klatschend niedergehenden Wassermassen, auf Augenblicksdauer war eine Stille, als ob es der Welt den Atem verschlage, und dann ging, als kehre ihr erlösend der Atem zurück, ein regelmäßiger Fadenregen über die Landschaft nieder.

Da plötzlich reckten sich die beiden Kinder, als durchzuckte sie derselbe Gedanke und dieselbe Sehnsucht. Mit zwei, drei hastigen Griffen rissen sie sich die letzten Lumpen vom Leibe und zwei vor Schmutz fast unkenntliche Körperchen kamen zum Vorschein. Sie fassten sich an den Händen und führten einen ausgelassenen Tanz auf. Bald ließen sie voneinander und, Hände und Gesicht dem erfrischenden Gewitterregen zugewendet, kauerten sich auf den Steinblöcken nieder und empfingen das niederströmende Wasser wie ein langentbehrtes Labsal oder einen köstlichen Segen. Mit beiden Händen halfen sie eifrig nach, führten die frische Flut zu allen Gliedern und lösten die verklebten Haarsträhnen in dem himmlischen Bade.

Als die seltsame Waschung beendet war, fassten sie sich von neuem an beiden Händen und tanzten umeinander wie freudentolle Kinder. Der Kleineren hatte der Regen ein trotz aller Armseligkeit anmutiges Kinderköpfchen gesäubert, von einer bräunlichen Färbung, der die Feuchtigkeit einen glänzenden Schimmer gab. In den weicheren Formen des größeren Kindes deutete sich leise die Jungfrau an und ihr Körperchen stach in weißer Helligkeit lieblich von dem bräunlichen Gespielen ab.

Der blasse Nürnberger Junge starrte auf die sonderbare Gruppe mit geweiteten Augen wie auf ein Wunder. Seine Seele umfasste das ganze Bild und sah mehr, als was man mit leiblichen Augen sehen nennt.

Fahlblauer Schimmer zuckte in breiter, matter Lichtflut über die Landschaft. Über der Nürnberger Burg türmte sich das Unwetter wie ein riesengroßer, frischaufgeworfener Grabhügel. Das war wie ein finsteres Symbol der jammervollen Zeit. Und von diesem düsterdrohenden Hintergrunde hoben sich die regenglänzenden Körperchen dieser zwei kleinen Geschöpfe ab, die sich den reinigenden Schauern in lange zurückgedämmter, zügelloser, augenblicksvergessener Kinderlust hingaben. Ab und zu brach die Sonne halb aus den Wolken und überschüttete die Tanzenden mit wechselnden Lichtern.

Wer waren sie? Wo kamen sie her? Mochten sie sein, wer sie wollten, es waren arme Flüchtlinge des Lebens. In den Wäldern um Nürnberg irrte mehr als eine Familie, die vor dem Pesthauch der seuchenverheerten Stadt in die Schrecken der Wildnis geflohen war. In den halbverschütteten Gewölben unter der alten Veste mochten wohl solche Verzweifelte eine Zuflucht gesucht haben.

Der junge Nürnberger machte sich darüber keine Gedanken. Er sah nur dieses seltsam ergreifende Bild. Für ihn schien aus diesem Tanz im Regen die ganze langverschüttete Sehnsucht des eigenen Herzens nach Reinigung und Freiheit.

Seine Augen waren weit und glänzend und über sein mageres, bleiches Gesicht verbreitete sich der Schimmer seines von einer seltsamen, tiefen Freude erwärmten Blutes.

Der selbstvergessene Junge hatte die Zeit her auf seinen Kameraden nicht geachtet. Da plötzlich sah er ihn und er sah ein Grinsen in seinem Gesicht, das er nicht verstand. Dann sah er ein plumpes, zupackendes Anspringen. Und mit einmal war seine Seele wieder in der Wirklichkeit, er fühlte kalt, hart und klar, dass der andere nichts von dem gesehen hatte, was er selber geschaut, und er wusste plötzlich und fühlte es wie einen aufzuckenden Schmerz, was der andere gesehen hatte in diesen Augenblicken, die ihn selber wie die Weihen einer noch unverstandenen Erlösung durchdrungen hatten.

Die beiden Kinder hatten sich in jähem Schrecken losgelassen. Die Kleinere lauerte, haltlos vor Angst, zitternd in einem Winkel. Das größere Mädchen, das der Landsknecht am Arme erhascht hatte, sah ihm mit einem wehrlosen, erstarrten Entsetzen ins Antlitz, vor dem dem jungen Nürnberger in seinem Versteck das Mark fror. Ihre Augen waren weit aufgerissen und rings um die Sterne war das Weiße grauenhaft sichtbar.

Da plötzlich stieß sie wie in irrsinniger Angst einen Schrei aus, einen lauten, durchdringenden, unmenschlichen Schrei wie ein Raubvogel, und noch einen und noch einen; immer derselbe Laut in kurzen Pausen von sinnloser Regelmäßigkeit.

Da erwachte der Nürnberger Junge aus seiner Erstarrung. Das Blut schoss ihm jäh ins Herz und er sah seinen Kameraden, als sähe er ihn zum erstenmal. Und er wusste, dass er den Erzfeind der Menschheit vor sich hatte, und fühlte klar und scharf, dass er ihn erschlagen müsse.

Mit einem Raubtiersatz sprang er an. Jäh, unerwartet, stürmend und unwiderstehlich.

Mit einem Griff hatte er des anderen Waffen in Händen. Dem erstarb der Wutschrei unausgerufen im Munde. Er sah den Tod vor sich. Mit verzweifeltem Sprung flog er zurück. Sein junger Kamerad hob die Büchse, sein Gesicht war weiß wie der Tod, aber seine Hand zielte kalt und ruhig, als sei sie aus Erz.

Der Landsknecht duckte sich und floh. Der Schuss krachte. Der Verwundete schrie auf und suchte sich hinter den Trümmerblöcken der zerstörten Burg zu decken. Auf einem mächtigen Stück alten Gemäuers stand er. Da plötzlich fühlte er den Boden unter sich wanken. Der unterwaschene Fels gab nach.

Unwillkürlich sprang der Kauernde, das Gleichgewicht zu erhalten, auf beide Füße. Und da, wie er hochaufgerichtet, wehrlos und verzweifelt auf dem wankenden Block stand, entsank seinem Kameraden die Büchse. Denn er sah, wie die gewaltige Felsmasse langsam, schneller und schneller ins Gleiten und Stürzen kam. Gemäuer und Geröll fuhr zu Tal, zuerst gleitend auf dem lehmigen, glatten Grunde, sodass der Unselige stehend auf dem wankenden Block seine Todesfahrt antrat. Dann überstürzten sich die Massen polternd und tosten, ihr Opfer unter sich begrabend, talab.

Dann war es wieder still.

Der junge Mensch, der in gedankenloser Erstarrung gestanden hatte, blickte auf und es war ihm, als erwache er aus furchtbarem Traume.

Nach einer Weile sah er wieder, was um ihn vorging. Aus dem Spalt, dem vorher die Kinder entschlüpft waren, zwängte sich ein armseliges Weib. In ihre Lumpen schmiegten sich die nackten Körperchen der Kinder und der junge Mensch sah drei totenblasse Gesichter starr auf sich gerichtet wie auf einen Richter über Tod und Leben.

Er aber stand ihnen wehrloser gegenüber als sie ihm. Sein Herz schwoll ihm in Sehnsucht, ihnen zu erkennen zu geben, dass er ihr Freund sei, und er wusste nicht, wie er das tun könne.

Da kam ihm eine Eingebung. Er nahm seinen Mantel von der Schulter, riss ihn in zwei Teile und warf jeder der zitternden Kleinen die Hälfte zu. Und jetzt fühlte er seine Hände umklammert und zu seinen Ohren drang das Durcheinanderstammeln dreier Menschen.

Aber er sah sie nicht und hörte sie nicht. Er sah und hörte, was die drei armen Menschen nicht sahen. Mit zurückgebogenem Haupte stand er da und blickte über das Tal.

Der Regen hatte aufgehört. Die Wetterwolken, die sich wie frischaufgeworfene, riesige Grabhügel schwarz über die Nürnberger Burg getürmt hatten, waren verschwunden, als seien sie wie auf Zauberschlag in den Abgrund gesunken in jenem Augenblick, da der Verworfene seine Todesfahrt tat.

Da schossen ihm die Tränen in die Augen und er rief ekstatisch: »Der Schrecken ist in den Abgrund gesunken, das Vergangene ist tot und Gott schafft wieder Menschen nach seinem Bilde!«

Seine Schützlinge verstanden ihn nicht, aber sie fühlten die wärmende Glut seiner gütigen, jungen Seele und umschlangen inbrünstig seine Knie.

### Der Trommelbube des Todes

Es war eine jener erwartungsschweren Nächte, deren Stille quälend bis zur Unerträglichkeit ist, eine jener Nächte, in denen die ganze Welt den Atem anzuhalten scheint, um sich auf etwas Ungeheures vorzubereiten, eine kühle blaue Septembernacht ohne Leben und voller Bangigkeit. Kalt und bewegungslos hing der Mond in dem gleichsam erstarrten Reigen der mattschimmernden Sterne.

Die Welt verlor in der toten, unendlichen Stille alle Grenzen und dehnte sich zu einer ungeheuren, erdrückenden Größe aus. In dieser uferlosen Unendlichkeit war das gewaltige friedländische Lager nur wie der Pferch einer Herde, den die Wölfe umkreist haben, waren all die bewaffneten Massen nichts als ein Häuflein armer Menschen. Die Stille zog über den Köpfen der Tausende ihre Kreise wie ein Raubvogel, von dessen Nähe alle bis auf Fieber und Faser erregt waren, ohne ihn zu sehen.

Das Häuflein Menschen lag auf der Lauer gegen den unsichtbaren Feind. Alle Nerven und Sinne waren angespannt, die Nacht zu durchspähen, in deren Helligkeit sich gleichwohl kaum etwas verbergen konnte. Aber die Welt in ihrer unveränderlich toten Ruhe schien mit den Menschen zu bangen, zu lauschen, zu spähen und auf eine Entscheidung zu lauern. Kein Lufthauch, kein Blätterfall, kein verirrter Vogelschrei löste auch nur für Augenblicke die qualvolle Anspannung der Sinne. Auch die Luft schien dünner und wesenloser als sonst und der Mond lastete wie Blei auf den Menschen.

Auf dem Föhrenstumpf einer Waldblöße am Hang des Altenbergs hockte ein schmächtiges Bürschchen. Regungslos, die Arme um die hochgezogenen spitzen Knie geschlungen, saß er da und blickte wie gebannt auf das schlafende Schwedenlager und auf die mondhellen Dächer von Nürnberg.

Ohne dass er's wusste, wurde er vom Rücken her belauert. Dort lehnte ein zwölfjähriger Trossbube an einem Fichtenstamm und blickte halb neugierig, halb furchtsam zu dem Kauernden hinüber. Er hatte ein sommersprossiges Gesicht, dessen lauernde Frechheit nur eben durch Unbehagen und Grauen im Zaum gehalten wurde. Er hatte den schmächtigen Knaben am Hang beschlichen wie ein seltsames Wild, dessen Treiben Neugier und Furcht in ihm erregte.

Endlich hielt er das Schweigen nicht länger. »Warum schläfst du nicht?« raunte er dem anderen zu, aber er duckte sich dabei und hob ein Knie wie zur Flucht, als erwarte er, der da vor ihm werde auffahren und ihm an die Kehle springen.

Der Angeredete hatte blitzschnell den Kopf herumgeworfen und einen raschen, durchdringenden Blick auf den furchtsamen Störenfried geworfen. Im nächsten Augenblick saß er wieder regungslos wie vorher, ohne zu antworten.

Der Sommersprossige kam vorsichtig einen Schritt näher und zischelte noch einmal: »Warum schläfst du nicht, he –?«

Jetzt gab der andere Antwort, aber gleichgültig und ohne sich umzusehen.

»Ich warte.«

»Auf was –?«

»Ich glaube, es kommt heute Nacht.«

»Was kommt –?«

Er erhielt keine Antwort mehr. Der andere zog seine Knie noch höher an die Brust und hob eine Trommel, die neben ihm am Boden lag, auf seinen Schoß, als wollte er sich und was sein war zusammenziehen und absperren. Er sah wieder starr geradeaus.

Der Abgewiesene zog sein Gesicht in hämische Falten. Er öffnete die Lippen zu einem Schimpfwort und fand nicht den Mut, es auszusprechen. Mit halboffenem Munde blickte er auf den schmächtigen Burschen und in seinem Gesicht war eine Mischung von Verachtung und Grauen. Es war halb, als ob er seinen Gegner mäße, und halb, als ob er ein Gespenst sähe.

Aber der Anblick seines einsilbigen Kameraden war auch seltsam genug.

Die hagere, kleine Gestalt war völlig in einen zerschlissenen, grauen Kittel gehüllt, der vom Hals bis fast auf die Knöchel reichte. Nur der Kopf stand daraus hervor, ein sonderbar alter Kinderkopf mit einem blassen, schwindsüchtigen Gesichtchen, in dem wechselnd rote Flecke standen. Um die tiefeingehöhlten Schläfen zog sich spärliches Blondhaar, das immer feucht zu sein und an dem eckigen Schädel zu kleben schien. Die Blässe seines Gesichtes wurde noch durch ein grellrotes Wolltuch gesteigert, das er fest um den Hals gewickelt trug.

Das Alter des sonderbaren Bürschleins war schwer zu bestimmen. Der Kopf verriet nur, dass der ausgezehrte Kinderkörper hinter dem Alter zurückgeblieben war. Er konnte wohl vierzehn Jahre zählen.

Der Trossjunge war ein derber Bengel, der der phantastischen Erscheinung wie einem Abenteuer nachlief. Aber die Nacht war seiner Keckheit nicht günstig. In seinem Gesicht nahm die Furcht mehr und mehr überhand, während er auf seinen unheimlichen Kameraden schaute, der auf dem Stumpf im Mondlicht kauerte, das ihn völlig umhüllte. Grauen und instinktive Gehässigkeit stritten in ihm. Er hätte sich am liebsten in sein Lagerstroh verkrochen, aber es ließ ihn nicht vom Platz, ehe er seinen Trumpf gegen den Gegner ausgespielt hatte, an den er sich heute zum ersten Male wagte.

»Weißt du, was sie von dir sagen –?« Er stand sprungbereit mit verhaltenem Atem, als wollte er einen Stein werfen. Er erhielt keine Antwort. Noch einen Moment zögerte er, dann stieß er hastig hervor: »Den Trommelbuben des Todes nennen sie dich –!« Fluchtartig sprang er drei Schritte zurück, dass die Zweige knackten. Als er sah, dass der andere sich nicht rührte, hielt er inne.

Der kleine Trommler saß noch immer, ohne sich zu rühren. Nur sein Kopf sank tiefer und er zerknirschte ein paar Worte zwischen den Zähnen, die der andre nicht verstand. »Sie sollen's noch spüren, sie sollen's noch spüren …!«

Der Angreifer pirschte sich vorsichtig heran. »Was sagst du?«

Der kleine Trommler sah starr vor sich hin, aber sein Blick war von einer zornigen Träne verschleiert. Da wuchs dem andern der Mut.

»Du bist immer voran, wenn sie fechten, he? und hast nie Wunde und Schramme, he …?«

Der Gefragte bewegte mechanisch den Kopf hin und her.

»Da sieh her,« prahlte der Trossbube und schob den einen Rockärmel auf. Ein brandroter Streifen wurde sichtbar, den eine verirrte Kugel gerissen hatte. Er blickte triumphierend nach dem Graukittel, der das Wundmal ohne Interesse mit halbem Blicke streifte.

»Aber dich – dich erwischt's leicht einmal ganz –.«

Jetzt wandte ihm der schmächtige Junge das Gesicht zu. Ein müdes Lächeln stand dann. »Mich –? mich holt er nicht. Mich braucht er nicht.«

»Wer?« Atemlos mit halber Stimme war es vorgestoßen.

»Der Tod.« Ruhig wie etwas Selbstverständliches kam es zurück. »Mich hat er schon.« Wie zur Erklärung hob er beide Hände zur Brust, aus der sich ein stickiger Husten rang. Auf dem blassen, schwindsüchtigen Gesichtchen mehrten sich die roten Flecken.

Dem andern schnürte das Grauen die Gurgel zusammen. Er verstand nur halb was er sah, aber die Knie wurden ihm nass vor Furcht. Wie gebannt schaute er auf den unheimlichen Kameraden. Der war wieder in sich versunken, aber eine tiefe Erregung rang in ihm, von der der andere nichts wusste. Er hatte zum erstenmal von dem gesprochen, was in ihm fraß, und alles andere, was noch unausgesprochen war, drängte nach wie Blut aus offener Wunde. Aber er presste die Lippen zusammen.

Die rätselhafte blaue Nacht sah auf die Jungen hernieder und ihre Stille schnürte beiden die Brust zusammen.

Mit eins sprang der kleine Trommler auf. Er stand dicht neben dem Trossbuben, den der Schreck an den Boden genagelt hatte, und seine Augen glänzten heiß und fiebrig. »Ich treib's nicht mehr lange. Der Feldscher hat mir's gesagt. Ein paar Jahre vielleicht. Und ich spür's selbst. Und drum bin ich gezeichnet und drum geht Hieb und Stoß an mir vorbei – das weiß ich vom Hauptmann.« Sprudelnd brachte er das unsinnige, abergläubische Geschwätz vor, mit dem ihn berechnende Schlauheit »fest« gemacht hatte; der Hauptmann wusste wohl, dass seine Soldateska hinter dem furchtlosen kleinen Trommler, der sich wie ein Schwimmer in die Feinde warf, blindwütiger herlief als hinter Fahne und Standarte.

Der tief erregte Junge war noch nicht am Ende. Nun er einmal angefangen hatte, von dem zu reden, wovon Herz und Kopf voll waren, riss es ihn ohne seinen Willen weiter und weiter fort.

Er knüpfte hastigen Griffs das rotwollene Tuch los und entblößte vor dem erschrockenen Trossbuben ein dünnes Kinderhälschen, um das ein blauroter Streifen rundum lief wie das Mal eines Gehenkten.

Der Bub fuhr jäh zurück. Mit weitaufgerissenen Augen starrte er auf das unheimliche Zeichen.

Der kleine Trommler fuhr fort. Fast schreiend fing er an und dämpfte im Reden seine Stimme bis zu fast unverständlichem Raunen.

»Einer von denen ist's gewesen!« Fieberhaft flog sein Arm nach dem Lager, zu dem er gehörte, hinüber zu dem kroatischen Kriegsvolk und in seinen Augen loderte der Hass. »Unser Dorf haben sie verbrannt ... drunten im Maintal ... mit Fackeln sind sie eingebrochen zu Roß und haben die glühenden Späne in First und Scheuer gestoßen! Ein Schreien ist gewesen und ein Stöhnen und ein Sterben und ich ... ich wusste kaum, was war ... Die Glocken haben gestürmt talauf, talab ... Mit eins sind die Bauern aus den Dörfern zusammengelaufen mit Sensen und Äxten und Hunden. Da haben sie sich auf die Gäule geworfen und sind schneller fort als sie gekommen. Aber ich ... ich musste mit! Aus einem Winkel hat mich eine Hand vorgezerrt ... eine Schlinge ist mir um den Hals geflogen, der ich nachlaufen musste! Und der Kerl ist aufgesessen auf seinen Gaul, hat die Schlinge um seinen Stiefel geschlungen, ist auf und davon in scharfem Ritt! Ich habe laufen müssen ... immer und immer laufen, dass mir's in den Seiten gestochen hat wie Feuer und Lanzen. Der Kerl hat einen Roßbuben gebraucht, drum musst' ich mitlaufen!

Laufen musst' ich, laufen, dass mir die Zunge zum Hals heraus hing ... dass mir Feuer aus den Augen sprang – weiter, immer weiter neben dem Gaul her, wenn mich die Schlinge nicht erwürgen sollte! ... Endlich war's aus ... es hat sich alles um mich gedreht, Blut ist mir aus dem Halse gebrochen, ich bin zu Boden gestürzt. Dann ist's Nacht gewesen vor meinen Augen, ich bin gelegen wie ein Toter. Als ich aufwachte, bin ich auf einem zerstampften Kornacker gelegen, eine zerschnittene Schlinge um den Hals, und hab nicht gewusst, was gewesen war.«

Er brach schnaufend ab, als hielte er mitten in atemlosem Lauf inne. Seine Brust hob und senkte sich. Dann fuhr er fort mit kraftloser, blecherner Stimme.

»Es ist Nacht gewesen als ich hinstürzte und es ist Mittag gewesen als ich erwachte und bis zum Abend hat's gebraucht, bis ich mich besonnen hab auf das, was geschehen war. Alles ist leer um mich gewesen, aber mit eins war ein Gesicht vor meinen Augen – das Gesicht des Kerls … Danach schlug ich mit der Faust und schlug in die leere Luft. Da merkt' ich, dass ich allein lag, aber mit einmal wusst' ich wieder alles …

Am Abend hat mich ein Bauer gefunden und aufgelesen. Und ich hab' lang in seinem Haus gelegen, viele Tage, Wochen vielleicht. Als ich wieder auf den Beinen stehen konnt', bin ich dem Bauern entlaufen. Mein Vater war tot und meine Mutter und meine Schwester. Da bin ich entlaufen. Den Kroatischen bin ich nachgelaufen wie ein Hund und hab nichts eingesteckt als den Strick und ein Brotmesser. Damit bin ich ins Land gelaufen, die Kroatischen zu suchen und den Kerl zu finden. Und das Gesicht ist vor mir hergelaufen, dass ich's nicht vergaß … «

Er hielt ein und warf sich langhin zu Boden und barg das Gesicht im Moos.

Der andere rüttelte ihn an der Schulter. »Und dann –?«

Der Bub fuhr auf. »Dann – ich hab sie gefunden! Ein Jahr ist's her. Aber der Kerl war nicht mehr bei ihnen. Der war entlaufen. Zu den Lutherischen, sagen sie. Da bin ich Trommelbub geworden. Und jetzt, weißt du, jetzt« – er dämpfte sein heiseres Raunen zu einem zischelnden

Flüstern und brachte die heißen Lippen an das Ohr des andern – »jetzt müssen sie mir nachlaufen ... wie ich damals ... wohin ich will ... und ich weiß wohin ... und sie bleiben hinter mir liegen wie ich hinter dem Kerl ... bleiben liegen, müssen liegen bleiben! Und ich find' ihn auch noch ... vielleicht ist er da unten ... und dann, dann ... «

Hellauf loderte der Hass in dem hektischen Gesicht. Er schloß die Lippen, dass die Zähne hörbar aufeinander schlugen. Den derben Buben, der schlotternd vor ihm stand, hielt er mit fieberhaftem Griff am Rock. Nach einer Weile fing er höhnisch wieder an: »Wie nennen sie mich, sagst du –?«

Der andere blickte ihn schaudernd an und konnte keine Silbe stottern.

Da ließ der Trommler mit einem bösen Lachen von ihm. »Sie haben recht und sie sollen's noch merken, sie sollen's noch merken ... alle ... «

Der Trossbube lehnte mit versetztem Atem an einem Fichtenstamm und der Frost saß ihm in den Gliedern. Der kleine Trommler blickte den zusammengesunkenen Feigling verächtlich an, während er mit fliegenden Fingern das rote Wolltuch um seinen Hals zusammenknüpfte. Dann kauerte er wieder auf seinem Stumpf. Da fiel sein Blick auf die Trommel.

»Komm her!« herrschte er den Buben an, der ihn furchtsam beobachtete. Schritt für Schritt kam der andere näher.

»Hier, das sieh! Das hab' ich aufgehoben – für ihn!« Er hob die Trommel. Sie hing an einem derben Strick, der schwarz war vom Alter. »Der ist aufgespart für ihn – und das!« Er riss hastig ein Brotmesser aus seinem Kittel, das er sofort wieder verbarg.

Dann wandte er sich ab und hockte in der selben Stellung, aus der ihn der Trossbub gestört hatte. Niemand konnte wissen, was jetzt in ihm vorging.

Der andre stand eine Weile hochatmend hinter ihm. Dann ließ er sich ins Gras nieder und stierte vor sich hin. Er brauchte eine lange Zeit, bis er alles gefasst hatte.

So verrann Minute auf Minute.

Es dauerte wohl eine Stunde, bis der verschüchterte Bub Mut fand, das Gespräch fortzusetzen.

»Und ... wenn er tot ist –?«

»Er ist nicht tot.«

»Woher weißt du das?«

»Er ist nicht tot!« Das klang gereizt und tückisch wie das drohende Knurren eines Hundes, dem man seinen Knochen nehmen will. Das Gespräch verstummte.

Nach aber einer Weile fing der Trossbube wieder an: »Und die dort« – seine Hand beschrieb den Bogen nach dem Lager der Kroatischen – »die dort wissen nichts?«

Ein tückisches Lächeln war die ganze Antwort. Da packte den Buben das Grauen. Ein paar Schritte schlich er sich zurück, dann schrie er: »Ich sag's ihnen! Ich sag's ihnen!« Mit wilden Sprüngen jagte er dem Lager zu, als sei ihm der Tod auf den Fersen.

Der Schrei durchfuhr den Trommler wie ein Speer, der ihn an den Boden heftete. Er stand wie erstarrt. Nur einen Augenblick. Dann krümmte sich seine Gestalt wie ein Bogen und er flog hinter dem Flüchtigen her wie ein Pfeil.

Eine halbe Minute, dann hatte er ihn in jähem Anprall erreicht. Wie ein toller Hund kam er über ihn. Mit wuchtigem Stoß traf er den Buben und warf ihn mit Fieberkräften gegen einen Stamm, dass er taumelnd mit blutendem Kopfe zu Fall kam.

Wie ein Sinnverrückter kniete er ihm auf der Brust, eine Hand an seiner Kehle und die andre mit geschwungenem Messer erhoben: »Sag', dass du schweigst!«

»Ich schweige«, stammelte der Halbbetäubte, der kaum zu stottern vermochte.

»Schwör' mir's auf Leben und Seligkeit!«

»Ich schwör's.«

Da ließ der Sinnlose von dem ächzenden Buben, der sich mühsam erhob und hinkend zum Lager zurückschlich.

Der kleine Trommler stand mit keuchender Brust, bis er verschwunden war. Dann ging er schwankenden Schritts an seinen Platz zurück. Er empfand, wie ein seltsam schwindelndes Gefühl seiner Herr wurde.

Lange saß er und starrte mit leeren Augen vor sich hin. Er besann sich auf das, was er getan hatte. Und es wollte ihm nichts einfallen. Die Gedanken liefen ihm davon. Er hatte nur das Gefühl einer grenzenlosen Leere und eines großen Verlustes. Und in Brust und Schläfen war ein schmerzhaftes Stechen.

Er fühlte, wie er die Herrschaft über sich verlor und haltlos vornüber sank.

Das Fieber packte ihn und trug ihn zu Tal. Auf den Wiesen der Regnitz tobte der Kampf. Er lief vor seinen Kroaten her und schlug wie ein Sinnloser die Trommel. In die dichtesten Geschwader der Feinde brach er ein und fühlte mit körperlicher Lust, wie in den Reihen der Kroaten hinter ihm klaffende Lücken aufrissen. Das kannte er. Immer leichter wurde sein Leib, als sei jeder Fallende ein Teil der Last, die er trug. Er lief leichtfüßig, wie er nie zuvor gelaufen. Seine Füße berührten kaum den Boden. Seine Trommel lärmte toller und toller, die Schlägel wirbelten durcheinander wie von selbst ...

Mit einmal hing etwas an seiner Trommel und zog ihn schwer vornüber. Zwei Hände griffen in die wirbelnden Schlägel und in das Holz der Trommel biss eine grinsende, sommersprossige Fratze. Das war der Trossbube. Er suchte ihn abzuschütteln, aber es ging nicht. Schwerer und schwerer wurde die Last. Die Trommel schwieg und Freund und Feind schwand um ihn, als würden sie in leere Luft aufgelöst. Er rang allein mit der Fratze, die ihn vornüber zog. Er fühlte, wie er erschlaffte und taumelnd mit der Stirn auf den Boden schlug ...

Der Fiebernde erwachte. Er lag mit dem Gesicht auf der Erde und hatte sich den Kopf an einem Feldstein blutig geschlagen.

Er sprang auf und der Traum wich von ihm. Es war, als sei er mit beiden Füßen in die Wirklichkeit gesprungen wie in ein erfrischendes Wasser.

Und nun wusste er auch, ohne zu denken, was er zu tun hatte. Er warf die Trommel um die Schulter und schritt mechanisch wie ein Schlafwandler dem Lager zu. Niemand hielt ihn an. Er ging auf den Wagenpark zu, wo der Trossjunge schlief. Er lag zusammengerollt wie ein tückisches Tier im Stroh und schlief mit offenem Munde. Die Hände hatte er zu Fäusten geballt, als hielte er krampfhaft ein gestohlenes Gut.

Dem Schleicher schlug das Herz, als spukten die wirbelnden Schlägel seiner Trommel darin. Er rang nach Ruhe, aber das klopfende Herz lärmte stürmischer und stürmischer. Alle mussten es hören. Das Lager musste davon erwachen.

Da gab er es auf, sich auf sich selbst zu besinnen. Er nestelte mit fiebernden Fingern das Brotmesser aus seinem Kittel und zog es dem Schläfer mit einem Schnitt durch die Gurgel.

Augenblicks ließ er es fahren und presste beide Hände auf Mund und Gesicht des Überfallenen, um jeden Laut zu ersticken. Er hatte ein Gefühl, als tauche er in einen Strom von Blut, der schäumend über ihm zusammenschlug. Er fühlte nur noch, dass er auf etwas kniete, und wusste, er durfte nicht loslassen. Seine Hände waren übereinander gekreuzt und schmerzten heftig, aber er durfte nicht loslassen ...

Mit einmal fühlte er sich selbst wieder, als ob er erwache. Der Trossbube lag ohne Leben in seinem Blute. Das weite Lager war still und tot. Die ganze Welt war leer und tot. Und diese unerträgliche Stille benahm Luft und Atem. Er fühlte, dass er ersticken müsse.

Da raffte er sich auf und entsprang aus dem Lager. Die Waldhänge lief er hinab, vom Grauen gejagt, ohne zu wissen wohin. Er fühlte, dass ihn etwas verfolge, und er wusste nicht, was es war. Es war auch keine Zeit sich zu besinnen.

In taumelndem Lauf erreichte er die Wiesen des Tals. Er hielt schweratmend. Es gab kein Entrinnen mehr! Die Welt drang von allen Seiten auf ihn ein. Lautlos, spukhaft, erdrückend walzte es sich lastend auf ihn, Hände, Gesichter, Gestalten, Feuerbrände, Blut …

Er stand keuchend und sah sich rettungslos den drohenden Gespenstern preisgegeben. Mit einmal warf er mit verzweifelter Eingebung die Trommel vom Rücken vor den Leib und fing mit wahnsinniger Kraft an zu trommeln. Es half nichts. Er wollte Hilfe rufen und konnte nicht. Immer sinnloser schlug er die Trommel. Es waren keine Takte mehr, es war nur noch ein wahnwitziges Hämmern. Mit einmal schoss ihm ein Blutstrahl aus dem Mund und er schlug taumelnd vornüber mit dem Gesicht zu Boden. –

Die Waldhänge hinab eilte aufgestörtes Kriegsvolk. Mit schreckhaft aufgerissenen Augen starrten sie auf die kleine gespenstische Gestalt im grauweißen Kittel, die, hell vom Mondlicht beschienen, da drunten sinnlos die Trommel schlug und plötzlich mit hochgeworfenen Armen zu Boden stürzte. Ein paar Beherztere stiegen vorsichtig zu Tal. Der kleine Trommler war tot.

Andern Morgens fand sich auch die Leiche des Trossbuben im Stroh. Über Mund und Gesicht war der blutige Abdruck zweier krampfhaft gekreuzter Kinderhände.

## Der Kreis

In den Trümmern eines gebrandschatzten Walddorfes zwischen Fürth und Stein hatte sich eine friedländische Dragonerpatrouille eingenistet. Durch die klaffenden Dachsparren des Pfarrhauses schüttete die frostige Septembernacht ihre unregelmäßigen, harten Schauer gegen triefende, moderflackrige Kalkwände und auf den Fußboden der Kammer, der aus festgestampftem Kuhmist bestand und fast das Aussehen eines verwilderten Stücks Landstraße hatte.

In einem Winkel des Gelasses, der noch am meisten von einem letzten Nest überhangenden Dachwerks beschirmt war, saß ein Dragoner, in mehrere verwaschene Soldatenmäntel zu einer unförmigen Masse verpackt, und unterhielt ein brandig qualmendes Feuer in einer ausgeworfenen Grube. Neben ihm lag ein getürmter Haufen von zerbrochenem Holzgerät, Gebälktrümmern und feuchtem Reisig, aus dem er die schwelende Glut nährte. Seine Kameraden hatten sich, um ein Dach über dem Kopf zu haben, in die muffigen Winkel des triefend feuchten Kellers verkrochen. Der verwitterte Bursche musste bis zum Morgengrauen wachen. Der Wald wimmelte von unsauberem Gesindel, misshandelten, gebrandschatzten Bauern, die in ihrer hungertollen Wut schlimmer waren als angeschossene Keiler.

In das verwilderte Gesicht des Dragoners hatte sich, unvertilgbarer als Rost, eine harte Verdrossenheit eingefressen, die nicht auf Rechnung der unwirtlichen Nacht, sondern langer, erbarmungsloser Kriegsjahre zu setzen war. Mechanisch arbeiteten sich in regelmäßigen Pausen seine breiten Hände, dunkel wie regenfleckiges Leder, aus den hüllenden Mänteln vor und wühlten unter dem Holzhaufen nach einem trockenen Scheit, um das Feuer zu unterhalten. Der beizende Qualm, der in wolkigen Schwaden durchs Zimmer ging, verzog das wetterharte Gesicht des Mannes noch mehr, dass es aussah wie eine starre, fratzenhafte Maske von Weltverachtung und hasserfüllter Verbitterung.

Mit einmal ließen die Hände einen Ast, von dem sie eben den grauschwarzen Schwammansatz abstreiften, fallen und griffen nach einem dünnen, rötlich gebeizten Brett, das aus der Füllung einer Schranktür herausgebrochen schien. Irgend etwas an dem armseligen Holz schien bemerkenswert. In die Züge des Soldaten trat ein Zug starrender, gedankenloser Aufmerksamkeit, die langsam und schwerfällig Leben gewann.

Das Holz trug ein Ornament, wie es seit Jahren häufig an Schränken und Truhen verwendet wurde; eine rohe Zierschnitzerei täuschte einen Stoß knittriges, vielgefaltetes Pergament vor, das lose auf der Fläche zu liegen schien. Es war kunstvolles Pfuschwerk, dem man ansah, dass es einem vollkommeneren Vorbilde abgenommen war.

Für den Dragoner war es ein Stück Vergangenheit.

In den Werkstätten von Augsburg und Prag hatte er einst selbst solche Stücke geliefert. Aber besser! Wahrhaftig, der Meister wäre ihm über den Pelz gekommen, wäre er so schluddrig mit dem Messer übers Holz gefahren ... Hier musste der Bogen noch unterhöhlt werden, hier die Kante abgeschliffen und hier – lieber Gott, wer würde diese Sudelei für Pergament halten können! Bestenfalls für eine Schicht von Schieferplatten konnte man es halten. Aber freilich, wer mochte an dieses armselige, unsauber gehobelte Stück Fichtenholz soviel Arbeit wenden? In Prag, ja das war ein ander Ding! Schweres, altes Eichenholz, braun und glatt wie die Wangen einer Zigeunerdirne ... wehe dem, der ein Stück verdarb!

In Prag ... Wie lange mochte das her sein? Lass sehen: drei, vier, fünf – – lieber Gott, wer kann das nach Jahren berechnen! Nicht mehr als ein Dutzend Jährlein würde herauskommen bei dieser verlogenen Rechnung. Wer rechnet solche Zeit nach Jahren! Nach begangenen Morden, brennenden Dörfern, gebrandschatzten Städten, nach Wundfiebern und Seuchen, Dirnen und Raufhändeln musste man rechnen, das gab eine runde Summe wüster Zeit ...

Wäre er in Prag geblieben, so wären's wohl eine Handvoll Jahre, die abgelaufen wären. Nichts weiter. Zwölf Jahre. Ein junger Meister würde er heute sein, der Jüngsten einer ... So aber waren es nicht zwölf Jahre, es war ein verpfuschtes Menschenleben, sein Leben, denn – bah, es lohnte sich nicht daran zu denken, was noch übrig war! Es war ein altes, rostbrüchiges Stück Eisen, gut zum Fortwerfen. Nichts weiter.

Er erinnerte sich, wie er in Prag den Gesellenkittel abgestreift hatte. Das war, als die Ligisten in der Stadt Kehraus hielten und die böhmischen Knechtlein aus ihren Löchern räucherten wie Ungeziefer. Mit leeren Taschen, so waren sie über die Mauern gestiegen, am Abend versoffen sie als große Herren den Schweiß der Bürger. Silberne Ketten waren denen als Hosenbund gerade noch recht. Herrgott, war man denn ein Narr, sein Leben lang den Pfennigkratzer schieben zu wollen! ...

Ein Rotschmiedegesell hatte es ihm vorgemacht. Recht als ein Türk war er mit dem Hammer auf einen verwundeten Böhmen losgegangen und hatte ihm den Rest gegeben, um sich zur Stund in dessen Reiterkleid und Gamaschen zu den ligistischen Fahnen zu kehren. Dem hatte er's nachgetan. Ein hartes Stück war es gewesen, den Beilschlag ins Genick des böhmischen Reiters zu tun ... Am Abend war er dem hellen Haufen zugelaufen und hatte sich von dem Ligistenobersten Kratz anwerben lassen mit einem Herzen prall von großmäuligen Hoffnungen ... Jetzt könnte er Meister zu Prag sein –

Die Gedankenkette des Dragoners riss klirrend auseinander. Vom Rücken her hatte sich ein zerlumpter Bauernjunge durchs Fenster angeschlichen und schmetterte eine eiserne Hacke jäh auf das unbeschirmte Haupt des Soldaten nieder. Der brach lautlos in sich zusammen, ohne auch nur zu begreifen, dass man ihn niedergeschlagen.

Ein paar wirre Gedankenschatten durchspülten noch auf Augenblicksdauer das Hirn des Gemordeten, das im aufquellenden Blute erstickte.

Einige Minuten später schwang sich, der als Dorfteufel gekommen war, als reisiger Kriegsknecht wieder durchs Fenster und entlief mit einem Herzen, das von wilden Hoffnungen tobte, durch den Wald zu den Lutherischen. Soldat sein! Herr sein! ... Die qualmende Glut des Feuers in der Grube schwelte über den nackten Leichnam des Dragoners.

Über den Waldhöhen im Osten lag formloses, schwarzes Gewölk wie erkaltete Aschenhaufen, in denen die Glut des gestrigen Tages ausgebrannt war. Jetzt hob sich ein leiser Wind und es war, als ob sein Hauch die unter der Asche vergrabenen Funken leise wieder entfache, die grauen Ränder begannen glutig aufzuschimmern.

Der Morgen dämmerte herüber.

## Der Ring mit den blauen Steinen

Die letzten Brände des Abendrots verschwelten über den Waldhöhen um Nürnberg, deren schwarze Schattenrisse hart wie ausgebrannte Mauern zu dem friedländischen Lager herüberdrohten. Die ersten Wachtfeuer flammten auf. In den Zeltgassen verlärmte das letzte Leben. Nur vom Ufer der Regnitz, wo die Dragoner auf Vorposten hielten, scholl noch ungedämpft Lachen, Johlen und Singen herüber. Um den Karren einer zeternden Marketenderin drängte sich die Soldateska und wollte nicht ruhen, bis der letzte Heller, den ein dreister Beuteritt gebracht hatte, vertan war.

Die Marketenderin war ein schwarzhaariges Weib, schon zur Fülle neigend, doch von festen und drallen Formen, die ihr ein trotz aller Ausschweifungen hartes Leben gewahrt hatte. Ein hageres Gesicht mit flackernden, begehrlichen Augen, die beim Schänken und Karessieren nach dem Geld schielten, das den Dragonern in Hand und Beutel klimperte. Ein vielleicht neunjähriger Junge half ihr bei der Arbeit; barfüßig und flink wand er sich mit gefüllten Bechern durch das Gedränge und brachte sie denen, die zu faul oder schon unfähig waren, selbst zum Karren zu kommen. Geschmeidig, ohne einen Tropfen zu verschütten, vermied er mit behenden Windungen allenfalls ihm zugedachte Tritte und Stöße, die nun einmal zum Lohne seines Handwerks gehörten.

Jetzt fiel er kläffend wie ein kleiner Köter einen Krüppel an, der sich auf seinen Stelzfüßen, Gott weiß wie, durch die Menge gedrängt hatte. Einen längst geleerten Becher, den er, wie dem geriebenen, kleinen Kerl nicht entgangen war, mühselig mit Kupferpfennigen bezahlt hatte, hielt er mit krallenden Fingern umspannt und starrte auf das schwarze Weib, das in geschäftiger Hast mit Gläsern und Flaschen hantierte.

»Her –!« Der braune Bengel rannte ihm geschickt gegen die Krücken, dass dem Überfallenen der Becher aus den Händen klirrte. Eh er begriffen, war der Bursche mit seiner Beute verschwunden.

Ein paar Dragoner, die um ein nahes Feuer lagerten, lachten laut über die Frechheit des Schenkjungen und den Schrecken des Krüppels. Der hob mit einem Ruck das Haupt und blickte fast herausfordernd zu den trunkenen Gesellen hinüber. Plötzlich zog er die Krücken an sich heran und humpelte dem Feuer zu, an dem er sich ohne Umstände niederließ.

»Pack dich mit deinem Bettel, Landstreicher! Nimmt der Lump ehrlichen Leuten den Platz fort!« Der baumlange Kerl, der scheltend auf den Krüppel losgefahren war, erschrak einen Augenblick über den jäh auflodernden Blick des Bettlers, der eine Krücke wie zum Schlage gehoben hatte, und stand mit offenem Munde. Die anderen lachten.

Da fing der Krüppel, ehe die Burschen Hand an ihn legten, zu reden an mit einer harten, klirrenden Stimme, die zum Aufhorchen zwang. »Gebt Frieden, Leute! Der Platz ist bezahlt, auf dem ich hier sitze. Und der Einzige, der ein Recht hat, hier zu sitzen, bin ich.«

»Bezahlt! bezahlt!« höhnte der Lange. »Seit wann bezahlt ein Bettler den Dreck, drauf er sitzt? Platz da! Der Wein ist an deine Holzstecken vergeudet!« In weitem Schwunge schleuderte er eine geleerte Flasche in den Fluss, in dem sie aufplantschend niederfiel.

Unbeirrt blieb der Krüppel hocken. »Die Holzbeine haben's um mich verdient, haben mich weiter getragen als manchen von euch seine gesunden Knochen, haben mich einen Weg getragen neun Jahre lang bis hierher zum Ziel. Jetzt dürfen sie rasten.«

Ein paar Leute lachten über den dreisten Gesellen und versprachen sich eine billige Kurzweil von seiner Wunderlichkeit. Ein breiter, plattnasiger Geselle stieß ihn lachend in die Seite, während er seinen Kumpanen beschwichtigend zublinzelte. »He, Kamerad! Womit zahlst den Platz, drauf du hockst?«

Der Krüppel wandte ihm den stechenden Blick, der wie eines Fiebernden war, zu. »Der Platz ist bezahlt. Aber ich zahl ihn euch noch einmal, zahl ihn euch mit einer Schnurre.«

»Lustig! lustig!« lärmte der Dicke, »es gibt eine rare Geschichte! Eine Schnurre von abgeschossenen Beinen! He, Kamerad, das Gepräge hat keinen Kurs mehr! Abgeschossene Beine sind uns justament wie Wassertropfen im Regen, man denkt dran, wenn man einschlafen will, so gemein ist's geworden!«

Der Krüppel fiel ihm und den andern mit seinen Worten ins Gelächter. »Ich erzähl' euch keine Schnurre von abgeschossenen Beinen. Ich erzähl' euch eine Schnurre, die neun Jahr lang währt und heute zu Ende geht. Das Ende sollt ihr sehen.«

Allmählich hatte sich um die seltsame Gruppe eine schwatzende, lachende und gestikulierende Menge gedrängt. Der verschrobene Kauz versprach einen kurzweiligen Possen. Von allen Seiten verlangten schreiende Stimmen seine Schnurre zu hören.

Der Krüppel aber schien keinen von all den Schreiern zu sehen, er starrte schweigend gradaus. Wer sich die Mühe nahm, seinem Blick zu folgen, der sah, dass er wie eine Lanze in dem geröteten Gesicht der Marketenderin haftete, die etwa dreißig Schritte vom Feuer eifrig an ihrem

Karren und den Fässern hantierte. Endlich fing er mit einer dunklen und rauhen Stimme an zu reden, die sonderbar von seiner vorigen scharfen Sprechweise abstach. Er sprach gedämpft, ohne die Augen von dem schwarzhaarigen Weibe zu verwenden, als ob er nur zu ihr spräche und sie es doch nicht hören sollte.

»Neun Jahre ist's her. Da bin auch ich auf straffen, gesunden Beinen durch den Krieg gegangen wie irgendeiner. Durch den Krieg bin ich gegangen, wie durch eine Dornhecke. Wer so durch Hecken geht, an dem bleiben die Kletten haften. So ist dazumal eine Dirne an meinen guten Kleidern hängen geblieben wie eine Klette. Aber ich hab' sie nicht abgeschüttelt wie eine Klette, ich hab' sie gehalten und getragen wie eine Rose. Die Rose hat einen scharfen Dorn gehabt. Seht! Da hat sie mir die Hand geritzt ...!« Jählings Gestalt und Stimme zu herrischer Gebärde zusammenraffend, hob er die linke Hand gegen das Feuer empor.

Die Dragoner, die schon, des zerfahrenen Gefasels müde, den Rücken gewandt hatten, horchten verdutzt auf und blickten auf die weit ausgereckte Hand. Da sahen sie, dass der Ringfinger fehlte. Bis zum dritten Knöchel war er abrasiert wie von einem Messer. Und der vernarbte Stumpf war alt und blau.

Der Krüppel fuhr fort. »In ein schwarzhaariges Weibstück, das dem Mansfelder Haufen nachgelaufen war, hab' ich mich vergafft. Ich hab' um sie gerauft mit Kameraden, ich hab' all meinen Bettel, den ich besaß – und ich war dazumal ein Kerl, der eine Grafschaft aufkaufen konnte – ihr an den Leib gehängt, soviel sie's verlangte. Blut ist geflossen um sie. Ich hätt' gegen Gott und Teufel mit nackten Händen noch gekämpft, wenn sie sie mir hätten nehmen wollen. Ich sag euch, mich und sie hätt' einer so wenig auseinander gebracht wie zwei verkämpfte Hirsche. Alles, was sie gehabt hat am nackten Leib, hat sie von mir gehabt ... und für all das bin ich ihr nichts gewesen als ihr Narr, eben gut genug zum Rupfen. Und ich hab's gewusst! und sie um so toller behängt ...

»Aber dann ... dann – Im Sächsischen droben hatten wir eine Bataille geliefert. Eine verfluchte Stückkugel hat mich mit zerschmetterten Beinen vom Gaul geschmissen und ich lag für tot. Der Feind über uns hinweg und davon wie die Windsbraut. Ich lag ohne Sinne in meinem Blut wie ein abgefangener Eber im Sturzacker ... Da ... da wach' ich auf ... plötzlich ... ein Schmerz brennt durch meine Hand, als lag' sie auf glühendem Herd ... Jäh schrei ich auf ... Da schreit noch etwas ... neben mir ... über mir – ihr Gesicht! Des Weibsstücks Gesicht, das über mich gebeugt war ... Ich fahr' empor, starr' sie an wie vom Tod zum Wahnwitz erwacht und sie strauchelt in den Knien, lässt die Hände fallen und schreit und kreischt, als ging's um ihr Leben – Katzen schreien nicht so in nächtigen Gärten – und rafft sich taumelnd auf und jagt davon wie gehetzt. Etwas Blinkendes war ihr aus der Hand auf mein Wams gefallen, danach tappt' ich mit den Händen – es war ein kurzes Stilet ... blutbefleckt ... Und das Blut ... das Blut war Blut von meiner Hand! An meiner linken Hand hing der dritte Finger mit durchschnittenen Knochen im Gelenk ... An dem Finger trug ich einen Ring mit blauen Steinen ... Um den hatte sie mich einmal umsonst gebettelt, weil er fest im Fleische hing ... und jetzt, jetzt, da ich in meinem Blute lag als ein Toter, war sie gekommen, sich ihn zu holen!«

Er dämpfte die kreischend gewordene Stimme und fuhr dumpf fort zu reden wie ein Stöhnender. »Da ... seht ihr ... da bin ich genesen. Die zerschmetterten Knochen hab' ich mit Erde, Hemd und Rockfetzen zugestopft und umwickelt, bin Handbreite um Handbreite bäuchlings gekrochen und hab' aus voller Lunge um Hilfe geschrien, bis mich ein Feldscher auflas und davontrug. Ich wusst', dass ich's überstehen musste; so überstand ich's. Ein stelzfüßiger Krüppel wurd' ich, aber ich blieb am Leben ...

»Und ich musste leben. Ich musste noch einmal vor das Weibstück treten und ihr den Ring mit den blauen Steinen bringen und sie mit meinen Krücken niederschlagen ...

»So bin ich neun Jahr als Landstreicher marodierend, bettelnd und stehlend von Land zu Land, von Kriegshaufen zu Kriegshaufen gezogen, wo immer die Kriegsfurie los war, das Weib zu suchen und ihr den Ring in die Katzenaugen zu werfen ... neun Jahr lang ...«

Es war still geworden im Kreis der Dragoner. Der Krüppel schwieg, seine Brust hob sich keuchend.

Da schlüpfte der braune Bengel der Marketenderin durch die Mauer der Soldaten. »Wein, Herren, Wein! Wer hat leere Becher? Leere Becher? Wein hier! Wein!«

Der lange Lümmel von Dragoner, der zuvor den Krüppel angefahren hatte wie einen Hund, presste ihm jetzt, einer raschen Eingebung folgend, den eigenen noch halbgefüllten Becher in die Hand. »Trink, Kamerad!«

Der Krüppel stürzte hastig den Becher. Wild zupackend erwischte er dann den Marketenderjungen am Wams und hielt ihn fest. »Sie soll's wieder füllen!« Seine Stimme überschlug sich. Hastig wühlend griff er zugleich in seine Kleider und riss von der entblößten Brust eine kleine Schnur. Ein Ring mit blauen Steinen, drei beinerne Fingerglieder auf einen Faden gereiht, fielen ihm in die zitternde Hand. Das ließ er durch die Finger gleiten und in den zinnernen Becher niederklirren. »Das bring' ihr! Ich zahl' damit!«

Der Bursche sprang davon. Aber hinter sich ließ er eine offene Gasse von Soldaten zurück. Keiner sprach ein Wort. Alle hatten begriffen, was das Ende der Schnurre sei, die der Krüppel zum Besten gegeben. Durch die offene Gasse der Dragoner schritt steif aufgerichtet, schwankend der

Krüppel. Lodernd haftete sein Blick auf der Gestalt des schwarzhaarigen Weibes.

Jetzt ist der Junge bei ihr. Er gibt ihr den Becher. Sie ergreift ihn achtlos und hält ihn unter eins der Fässer. Der Junge raunt ihr etwas zu. Da, plötzlich, zuckt das Weibsbild zusammen wie vom Schlage gerührt. Weitausgestreckten Armes, kreischend hält sie den Becher von sich, als siede kochender Wein in glühendem Gefäß ... Mitten im sinnlosen Kreischen entklirrt ihr der Becher. Der Ring mit den blauen Steinen rollt über den zerstampften Boden ...

Hochaufgerichtet, wie ein Racheengel, steht der Krüppel. »Schenke mir Wein, Gertrude! Gib mir vom Roten, Gertrude!«

Seine Worte durchschneidet ein Schrei, aus dem irrsinniges Entsetzen kreischt. Das Weib hat den Krüppel erblickt. Mitten im Kreischen schwankt ihr Leib wie der eines gehetzten Tieres, dem der Jäger die Fesselgelenke durchhauen ... schwankt ... steht einen Augenblick steilaufgerichtet wie im Krampf ... Dann stürzt die Sinnlose in tollem Laufe, brüllend vor Entsetzen, als peitschten ihr tausend glühende Geißeln den Nacken, an dem Krüppel vorüber, der steinern und starr wie eine Bildsäule steht, an den Dragonern vorüber, die mit offenen Mäulern stehen, über das freie Feld zum Flussufer hinab und wirft sich hinein, wie ein Mensch tut, dem Kleid und Haar und Leib in Feuer lodern ...

Die plötzliche lautlose Stille zerbricht den Bann der Zurückgebliebenen. Ein paar Dragoner springen in weiten Sätzen dem Weibe nach zum Ufer der Regnitz hinunter. Ein paar Kerle platschen ohne Überlegung ins Wasser wie apportierende Hunde. Die Übrigen drängen langsam nach und erwarten den Ausgang.

Nur der Krüppel bleibt unbeweglich zurück. Nur einen Augenblick durchzuckt ihn eine jähe Bewegung. Das ist, als der Marketenderjunge an ihm vorüberhastet. Seine Augen weiten sich, als ginge ihm beim Anblick der neunjährigen Züge des Knaben eine Ahnung auf. Doch im nächsten Augenblick schüttelt er den trotzigen Kopf, als verweise er sich selbst barsch zum Schweigen.

Ein-, zweimal holt er tief Atem und reckt sich. Dann bückt er sich und hebt den Ring mit den blauen Steinen aus dem Staube. Sorgsam verbirgt er ihn in den Kleidern. Dann rafft er sich auf und ohne sich umzusehen setzt er seine Krücken weiter und stapft davon. Nürnberg und das Regnitzufer, das von schreienden Menschen erfüllt ist, lässt er im Rücken und zieht, der Nacht entgegen, seine Straße. Er wendet kein einziges Mal das Haupt im Weiterschreiten.

DAS ARMESÜNDERWÜRFELN

Es war vor Nürnberg.

Die wehrhafte alte Stadt war eine einzige waffenstarrende Schanze des Schwedenkönigs und jenseits der Regnitz hielt der Friedländer auf den Waldhöhen, die die zerstampfte, ausgehungerte Landschaft beherrschten, und wartete. Hielt unbeweglich in höhnischer Tatenlosigkeit und wartete.

Der Hunger lief Sturm gegen die uneinnehmbaren Mauern der Stadt.

Ein nasskalter Septembertag war zur Rüste gegangen. Die Luft war feucht und schwer und unablässig ging ein feiner, nässender Sprühregen nieder. Kein Sturm war zu sehen, nur die Lagerfeuer leuchteten von den Höhen zu Tal. Zuweilen wurden auch sie von den feuchten Schauern der Sturmnacht niedergedrückt, dann versank alles in Dunkelheit und Schweigen, dass man die Regnitz rauschen hörte und deutlich das feine Plätschern des Regens auf den ziehenden Wassern unterschied. Dann plötzlich – es sah sich an, als würden lodernde Pechkränze in den nächtigen Wald geschleudert – flammten hier und dort die Wachtfeuer auf den Höhen wieder auf.

»Eine Hundenacht!« fluchte ein friedländischer Dragoner und stieß das Schürholz in die qualmende Glut, dass die Funken umherstoben. Brummend schüttelten sich die zwei, die mit ihm ums Feuer lagen, die glühenden Pünktchen von ihren Mänteln und zogen das schwere, feuchte Zeug straffer über dem Leib zusammen.

»Da schlaf der Teufel!« Eine Weile war's still gewesen,

jetzt sprang einer nach dem andern auf, um sich die steif gewordenen Beine zu vertreten.

»Holla, Frieder –!« schrie einer von ihnen, die Hände als Schalltrichter vor den Mund legend, in die Nacht. »Was gibt's?« kam's aus einiger Entfernung zurück. »Höll und Teufel, Kamerad, hast du noch was in der Flasche?«

Zweige knackten und der Angerufene trat in den Lichtkreis des Feuers. Es war ein hagerer Bursche, der den rechten Arm in der Binde trug. Mit der Linken nestelte er die Feldflasche vom Koller und warf sie unter die drei. Dann wandte er sich wortlos und tauchte in die Dunkelheit zurück.

Der Dragoner, der die Flasche geschickt gefangen hatte, warf einen ärgerlichen Blick auf den Verschwindenden. Dann nahm er einen tiefen Zug, gab die Flasche weiter, wischte sich den Mund und blickte brummend wieder auf die Stelle, wo der andere eben gestanden. »Verrückter Heiliger! heut spinnt er wieder mehr als je! ... Aus freien Stücken die ganze Nachtwache zu übernehmen! Wünsch' ein gesegnetes Wundfieber!«

Der andere lachte. »Möcht' wissen, was er wieder zu betrüben hat, der Narr!«

Da hob der dritte, der sich bisher still verhalten, den Kopf. »Die Nacht wird ihm länger werden als uns! Ich sollt's nicht ausplappern ... aber den Schlaf hat der Teufel geholt und das Wachen soll er dreinhaben, wenn kein's das Maul auftut. Ich erzähl's euch. Von dem weiß ich ein Stückchen seit heut, wie's nicht jeder zu verzapfen hat ...« Er reckte den Daumen über die Schulter zurück, dorthin wo der Verschwundene Wacht hielt. Die andern reckten die Köpfe und schauten ihm erwartungsvoll ins Gesicht, aber er schwieg noch und hörte auf das Singen des Windes und das Rauschen des Wassers, als wüsste er keinen Anfang zu machen.

»Fang an«, trieben die beiden fast zugleich. Da hob er an:

»Hätt ich ihn heut nicht herausgehauen, er wäre ein stiller Mann. Ich weiß nicht, ob's einer von euch gesehen hat: wie wir heut mit dem schwedischen Streifkorps ins Scharmützel kommen, nimmt er sich den Leutnant aufs Korn. Ein blutjunges Kerlchen, der kaum seinen Gaul zwischen den Beinen hat. Wie der Frieder ihn attackiert, verliert er die Bügel und rutscht im Sattel. Der Frieder greift ihm in die Zügel, zieht auf und – er konnt ihm das Eisen ins Genick hauen wie der Henker dem Schelm auf dem Block – aber hol mich der Teufel, er schlägt nicht zu! ›Schlag zu!‹ schrei ich, denn ich seh, wie sich schon so ein schwedischer Lümmel heranmacht, aber er starrt wie auf einen Spuk, lässt die Zügel fahren und haut, so wahr ich hier stehe, haut den Gaul mit der flachen Klinge über den Hintern, dass er, heidi, hochgeht und mit dem Bengel auf und davon ist, eh man drei zählen könnt. Um ein Haar hatte der Frieder seinen Lohn weg, der Stoß, der ihm den Arm streifte, hätt ihm den Leib durch und durch gerannt, hätt ich dem Lümmel nicht mit dem Pallasch die Partisane beiseite geschlagen. Ich hau' den Frieder vollends heraus und spar' das Fluchen nicht. Er gibt keine Antwort. ›Höll und Teufel‹, schrei ich, ›was fällt dir ein?‹ Er gibt keine Antwort. Nachher, wie ich ihm im Lager die Blessur verbinde, hat er mir die ganze Geschichte erzählt, ungefragt.«

Der Erzähler schwieg, als überlege er, ob er weiter reden solle. Die andern setzen ihm mit Blicken und Worten zu, da schöpft er tief Atem und fährt fort.

»Es liegt weit zurück. Nach dem Treffen bei Wimpfen ist's gewesen. Der Frieder war zehn Jahr jünger und heißer. Damals hat er's mit einem Frauenzimmer gehabt, das ihm ein Tillyscher Hauptmann wegschnappen wollt. Als er sich's nicht gleich gutwillig abknöpfen lässt, kriegt er

Streit, lässt sich hinreißen und schlägt seinen Hauptmann ins Gesicht.

Drauf wird er in Eisen gelegt und der Prozess wird ihm gemacht.

Da war nun damals noch ein Bursche beim Haufen, der mit dem Frieder seit Wochen das Zelt teilte, ein blutjunges Kerlchen, das kaum mehr als siebzehn Jahre zählte. Als dreizehnjährigen Bengel hatten ihn die Holkschen Jäger von Haus weggefangen und zum Reitersjungen gepresst. Von da hat er sich dann bis zum Reiter emporgearbeitet. Ein schmucker Junge, fix, geschmeidig, braunes Haar und ein Milchgesicht – das war dem Frieder sein Kamerad und sein ein und alles.

Der macht sich also in selbiger Nacht – weiß der Teufel, wie er's angestellt hat – an den Frieder heran, bindet ihn los und entläuft mit ihm.

Eine Nacht und einen Tag hat die Herrlichkeit gedauert, da haben sie die beiden Vögel wieder erwischt und eingebracht. Das Gericht war schnell genug bestellt, Aufruhr und Desertation – da ist nichts davon abzuhandeln. Sollten also am andern Morgen aufgeknüpft werden.

Das Gericht ist kurz genug gewesen, aber eine Nacht ist drauf gefolgt, die ist lang gewesen. Die Nacht ist so lang gewesen, dass der eine von beiden den Verstand darüber verloren hat. Und das war dem Frieder sein Herzbruder.

Es möcht's wohl jeder nachfühlen, was so ein armer Schelm aussteht, bis sich ihm der Verstand verkehrt, aber, Höll und Teufel, ich möcht' nicht kosten, geschweige auskosten, wie einem zumut ist, der zusehen muss, ruhig zusehen muss, wie sein Kamrad Zoll für Zoll zum Narren wird.

Der Frieder hat den Jungen gebettelt und umarmt und geschüttelt, er sollt' nicht so vor sich hintieren. Und dann hat der andere auf einmal zu kichern angefangen und hat gelacht wie ein Narr. Und ist wieder in sich versunken und hat gegreint wie ein Kind oder wie ein Trunkner. Und wie der Frieder in ihn dringt, ist er weich geworden und hat geheult über Dinge, die seit Jahr und Tag vergessen waren. Über den Vater hat er gejammert und über Mutter und Geschwister. Der Frieder hat anstellen mögen, was er wollte, betteln und flehen und herzen und wieder schütteln und schelten, es hat nichts geholfen. Bald hat er geflennt wie ein Kind und bald gelacht wie ein Narr. Und der Frieder ist für ihn Luft gewesen ...

Auch die Nacht hat ein Ende gehabt. Wie die Trommeln draußen das Rasseln anfangen, da ist's dem Frieder auf einmal beigefallen, dass er noch keine Zeit gehabt hat, an sich selbst zu denken. Aber er hat keinen andern Wunsch mehr gehabt als nach dem Ende. Ihm ist gewesen, als wär er die Nacht aufs Rad geflochten gewesen. Wem so zumut ist, dem gilt alles gleich. –

Dieselbe Nacht hat der Obrist mit des Frieders Hauptmann bei Würfeln und Karten versoffen. Und selbst die Trommeln, die die zwei armen Sünder zum letzten Gang rufen, hätten sie nicht aus ihrem Rausch geweckt. Aber da stürzt plötzlich des Frieders Weibsbild ins Zelt und wirft sich dem Obristen zu Füßen und schreit, es ginge nur noch um Minuten, und schreit ›Gnade! Gnade!‹ und schreit das Schelmenwort solang, bis der Obrist weiß, um was der Handel geht. Aber alles Betteln und Heulen wär doch umsonst gewesen, hätte sich nicht der Hauptmann, dem's um die Dirne zu tun war, so ungeschickt ereifert. ›Was da! Was da!‹ schreit er einmal ums andremal und schielt fuchswild auf das Weibsstück, ›sie haben's verdient! Höll und Teufel, sie haben's zehnmal verdient!‹

Da spürt der Obrist, der sieht, wie der Hauptmann vor Zorn kollert, den Kitzel, ihn aufzuziehen und zu reizen, und er tut bedenklich.

Derweil ist der Zug mit den Delinquenten die Zeltgasse herauf fast bis zum Zelt des Obristen gekommen. Da kommt dem Obristen ein toller Einfall. Er hält den Zug auf und lässt die armen Sünder vor sich bringen.

Der Kapuziner, der die Delinquenten begleitet, raunt dem Obristen noch ins Ohr: ›Herr, der eine ist von Sinnen geworden.‹ Aber der Trunkene lacht: ›Um so besser, um so besser! Das gibt Unterhaltung!‹ Und er greift das Weibsbild am Arm und ruft ihr zu: ›Einen will ich dir schenken, Dirne! Aber gerecht muss ich sein! gerecht muss ich sein! es soll keiner den Vorteil haben. Sie sollen darum würfeln!‹ und schüttet sich aus vor Lachen.

Indes werden die Sünder vorgeführt. Der Narr schneidet Grimassen und macht Kapriolen. Und je toller der Oberst lacht, desto unbändiger lacht er mit. Der Frieder hat ein Gesicht so weiß wie das Zelttuch und seinem Gesicht sieht man an, dass er die Nacht nicht auf Daunen geschlafen hat.

Wie der Obrist ihnen den Schwank anträgt, zuckt's ihm in den Fäusten, als müsse er den trunknen Hund zu Boden schlagen. Als er aber sieht, wie sein Kamerad begierig den ledernen Becher ergreift, presst er die Hände ineinander und stöhnt.

›Heissa! Heissa!‹ jauchzt der Narr, ›Herzbruder, was soll's gelten? Einen Batzen, Herzbruder. Da, da!‹ Der arme Schelm hat keine Ahnung, dass er um Kopf und Kragen spielt. Er stürzt den Becher, zählt die Augen und trommelt wie närrisch vor Glück mit den Fäusten auf der Tischplatte herum.

Und der Frieder sieht's und es packt ihn ein Gefühl, halb Ekel und halb Hass gegen den Irren. Nur einen Augenblick, aber der Augenblick ist lang genug, dass er erwacht. Und er fühlt plötzlich, dass alles in ihm nach Leben begehrt. Und er sieht plötzlich, dass der Herzbruder ein armer Narr ist, dem das Leben keinen Pfifferling gilt, und er sieht selbst das Weibsbild und sieht, dass sie schön ist – so lang ist ein Augenblick.

In dem Augenblick krallen sich des Frieders Finger um den ledernen Becher, spannen sich so fest darum, dass die Knöchel weiß werden. Und während er ihn stürzt, stieren seine Augen gläsern auf den Irren, als wollten sie ihn durchbohren.

Und der ganze Mensch ist Wille. Da rollen die Würfel hin.

Drei Köpfe sahen über die Tischplatte, des Hauptmanns, des Obristen und des Narren. Der des Hauptmanns fährt zuerst wieder hoch, blutrot vor Zorn ›Teufel, Teufel! verloren!‹ Der Obrist sieht den Zornigen an und lacht schallend: ›Du Jörg? Hast du denn mitgespielt?‹

Der Frieder allein hat dem Wurfe nicht nachgeblickt. Der Rausch ist von ihm gewichen und er fühlt, was er getan hat. Fühlt, dass er um Blut und Leben des Herzbruders gespielt hat. Er ist aschfahl geworden und sieht starr gradaus.

Da blickt der Narr, der die Augen zusammengezählt hat, trostlos auf und hängt sich dem Frieder an den Hals wie ein plärrendes Kind. ›Frieder, ich kann dir's ja nicht zahlen! ich kann dir's ja nicht zahlen, Frieder –!‹ Und die Tränen laufen ihm über die Backen.

Dem Frieder hängen beide Arme schlaff herab und er kann sich nicht rühren. Er ist wie betäubt. Erst wie sie den Jungen von seinem Halse reißen und hinausführen, geht ein Zittern durch seinen Leib, als wolle er umsinken.

›Frieder!‹ schreit die Dirne und will ihm um den Hals fallen, aber vor seinem Blick schrickt sie zurück. Der Frieder steht mitten im Zelt, als wäre er angenagelt an den Fleck, auf dem er gestanden. Und dann reißt er mit jähem Griff ein Kruzifix, das ihm im Gürtel steckt, heraus und bricht es, knack, in zwei Stücke und wirft's in den Dreck.

Und er blickt auf den zerbrochenen Jesuchrist und lacht auf, blickt auf den Obristen und lacht auf, blickt auf die Dirne und den Hauptmann und lacht auf. Und dreht sich kurzum und geht aus dem Zelt.

Der Obrist sieht ihm nach und jetzt lacht auch er, aber man merkt, er lacht nur, weil es gar so still geworden ist. –«

Der Erzähler verstummte. Aber als ihn die andern nach einer langen Weile, in der man die Regnitz gurgeln und treiben hörte, unterbrechen wollten, hob er unwirsch die Hand und fuhr rasch fort.

»Seitdem ist der Frieder so, wie er ist ... so seltsam. Er schleppt an seiner Tat, die er hündisch und hundsföttisch nennt, wie an einer Todsünde. Er hat seitdem oft wieder Handgeld genommen und hat viel Blut vergossen, aber eine Seltsamkeit ist ihm geblieben, die ihm noch mal den Rest geben kann. Heut, wo ich ihn verband, hat er mir's gesagt: ›Siehst du, ich kann auf Menschenschädel einhauen wie auf Klafterholz, aber mitunter treff ich einen so unbärtigen Fant, dem das Entsetzen vor dem Sterben so gläsern aus den Augen blickt, dass ich nicht zuschlagen kann. Ich hab einmal gesehen, wie hart solch jungem Blut das Sterben ankommt. Ob's nun lange Stunden dauert wie damals, oder ob sich's in einem einzigen gräßlichen Augenblick zusammendrängt wie bei dem Burschen von heute, dem vor Todesangst das lebendige Blut den weißen Nacken jählings rot färbte – ich kann nicht zuhauen ...‹

Still, er kommt zurück! lasst ihn nicht merken, dass ich geschwätzt habe.«